ALIMENTOS QUE ACALMAM

VIDA SAUDÁVEL

ALIMENTOS QUE ACALMAM

SUPERALIMENTOS E RECEITAS PARA REDUZIR O ESTRESSE E DESACELERAR A MENTE

GILL PAUL

NUTRICIONISTA: KAREN SULLIVAN

PUBLIFOLHA

Título original: *Eat yourself calm*

Publicado originalmente na Grã-Bretanha em 2014 pela Hamlyn, uma marca da Octopus Publishing Group Limited, Endeavour House 189, Shaftesbury Avenue, Londres WC2H 8JY.

Coordenação do projeto: Publifolha
Editor assistente: Thiago Barbalho
Produtora gráfica: Samantha R. Monteiro

Produção editorial: A2
Coordenação: Sandra R. F. Espilotro
Tradução: Janaina Marcoantonio
Consultoria: Marisa da Costa Cervi Rivaldo
Preparação de texto: Wilson Weigl
Revisão: Maria A. Medeiros, Carmen T. S. Costa
Diagramação: A2

Edição original: Octopus Publishing Group
Editora: Jo Wilson
Diretor de arte: Jonathan Christie
Diretora de fotografia, estilo e produção: Isabel de Cordova
Fotografia: Will Heap
Produtora de culinária: Joy Skipper
Gerente de banco de imagens: Jen Veall
Assistente de produção: Caroline Alberti

Dados Internacionais de Catalogação na Publicação (CIP)
(Câmara Brasileira do Livro, SP, Brasil)

Paull, Gill

Alimentos que acalmam / Gill Paull ; nutricionista Karen Sullivan ; [tradução Janaina Marcoantonio]. - São Paulo : Publifolha, 2014.

Título original: Eat yourself calm.
ISBN 978-85-7914-554-4

1. Alimentos 2. Estresse (Psicologia) - Dietoterapia 3. Hábitos alimentares 4. Nutrição 5. Receitas 6. Saúde - Aspectos nutricionais I. Sullivan, Karen. II. Título.

14-08979 CDD-613.2

Índices para catálogo sistemático:
1. Dieta : Alimentação e saúde : Nutrição 613.2

Este livro segue as regras do Acordo Ortográfico da Língua Portuguesa (1990), em vigor desde 1° de janeiro de 2009.

Impresso na C&C Offset Printing Co., Ltd., China

PUBLIFOLHA
Divisão de Publicações do Grupo Folha
Al. Barão de Limeira, 401, 6º andar
CEP 01202-900, São Paulo, SP
Tels.: (11) 3224-2186/2187/2197
www.publifolha.com.br

NOTA DO EDITOR

Apesar de todos os cuidados tomados na elaboração das receitas deste livro, a editora original não se responsabiliza por erros ou omissões decorrentes da preparação dos pratos.

Pessoas com restrições alimentares, grávidas e lactantes devem consultar um médico especialista sobre os ingredientes de cada receita antes de prepará-la.

As fotos deste livro podem conter acompanhamentos ou ingredientes meramente ilustrativos.

As informações contidas neste livro não excluem a consulta a um médico, endocrinologista e/ou nutricionista. Todas as decisões de cunho médico devem ser tomadas sob a orientação de um especialista.

Observações, exceto se orientado de outra forma:

- Use sempre ingredientes frescos
- Use sempre ovos de tamanho médio
- Preaqueça o forno na temperatura indicada na receita

Equivalência de medidas:

- 1 colher (chá) = 5 ml
- 1 colher (sopa) = 15 ml
- 1 xícara (chá) = 250 ml

SUMÁRIO

INTRODUÇÃO

A vida moderna é cheia de desafios e, em algum momento, todos nós ficamos estressados. As cobranças do dia a dia nos empurram em várias direções, enquanto tentamos equilibrar as exigências do trabalho e da família, fazemos malabarismos com as finanças, cuidamos das tarefas domésticas e das demandas cotidianas. Nosso corpo está projetado para lidar com curtos períodos de estresse, mas, quando ele se estende por semanas ou meses, pode deflagrar problemas físicos, mentais e emocionais. Esses distúrbios nos deixam cansados, deprimidos e indispostos – e ainda mais estressados.

Atacar as origens do estresse exige mudanças de vida, o que não se consegue do dia para a noite. No entanto, há uma mudança que funciona de pronto: controlar o que comemos e bebemos. Ao escolher os alimentos certos, nosso corpo pode retornar ao estado de calma, o que nos permite ficar mais bem preparados física e emocionalmente para enfrentar o que a vida nos reserva. Existem inúmeros alimentos nutritivos e deliciosos que ajudam a restaurar o equilíbrio de todos os sistemas do organismo durante os períodos de estresse e combater seus sintomas. Podemos, literalmente, comer para nos acalmar.

O mecanismo do estresse

A primeira reação do corpo ao estresse é conhecida como "lutar ou correr", ao fornecer a dose de energia que podemos precisar para enfrentar ou fugir de uma situação perigosa. Nosso cérebro começa a liberar os hormônios adrenalina, noradrenalina e cortisol, que aceleram a respiração e os batimentos cardíacos. O sangue é desviado do sistema digestório, da pele e dos órgãos para os músculos, onde pode ser necessário para uma reação física. A boca fica seca, transpiramos mais – mas conseguimos suportar o estresse.

Se a situação estressante persiste, outros hormônios entram em ação para aumentar o nível de açúcar no sangue e proporcionar energia prolongada, além de elevar a pressão sanguínea para garantir a circulação. Podemos nos garantir nessa situação por algum tempo, mas no longo prazo o corpo fica exausto. Os sistemas são forçados a trabalhar em excesso, enquanto órgãos vitais ficam privados dos nutrientes de que necessitam para funcionar bem.

Em resumo, nosso corpo é projetado para lidar com breves períodos de estresse causados por ameaças físicas, mas não o é para lidar com o estresse mental e emocional de longa duração da vida moderna.

Os efeitos no longo prazo

- Níveis elevados de cortisol por longos períodos deprimem o sistema imunológico e nos deixam mais vulneráveis a vírus e bactérias.
- O nível de açúcar no sangue oscila, afetando nossa energia e humor.
- Se a pressão arterial permanece elevada por muito tempo, provoca alterações nas artérias que dificultam seu retorno aos níveis normais após o estresse.
- Os níveis de colesterol no sangue sobem, predispondo o organismo às doenças cardiovasculares.
- O sistema digestório fica inflamado, sujeito a cólicas e distensões, e tem dificuldade para absorver os nutrientes.
- O cortisol predispõe ao acúmulo de gordura abdominal, associado a problemas cardíacos.
- O sono é prejudicado, o que compromete a recuperação do corpo.
- Todos esses fatores provocam um enorme estrago no equilíbrio hormonal e nas funções cerebrais, deflagrando uma série de problemas como ansiedade, depressão e oscilações de humor.

Comer para se acalmar

1. Comer para se acalmar

Quando você está muito estressado, pode sentir vontade de comer alimentos gordurosos e açucarados. Esse tipo de comida proporciona um rápido aumento de energia, mas logo o nível de açúcar no sangue despenca, fazendo você se sentir ainda mais letárgico do que antes. Uma das soluções é manter o nível de açúcar no sangue o mais estável possível, fazendo pequenos lanches e refeições em intervalos regulares ao longo do dia, com alimentos que o corpo queima em um ritmo lento e constante.

O índice glicêmico (IG) classifica os alimentos de acordo com seu efeito sobre o açúcar no sangue. Alimentos de IG alto, como refrigerantes, doces e pão branco, fazem o nível de açúcar no sangue disparar e depois cair. Os alimentos de IG baixo, como hortaliças e leguminosas, liberam energia de forma lenta e duradoura.

2. Reponha as vitaminas do complexo B

Vitaminas e sais minerais são essenciais para a saúde, já que contêm antioxidantes e fitonutrientes. Em períodos de estresse, as vitaminas do complexo B desempenham papel importante, porque auxiliam o funcionamento do cérebro e estimulam a produção de neurotransmissores responsáveis pela sensação de bem-estar, como a serotonina. Essas vitaminas podem ficar em falta quando estamos estressados, deixando-nos ansiosos e deprimidos; por isso é vital sua reposição por meio do consumo de cereais integrais, nozes, hortaliças, leguminosas, cogumelos, aves e peixes ricos em gorduras ômega.

3. Consuma antioxidantes

As vitaminas antioxidantes A, C e E são cruciais para a imunidade e proteção contra os efeitos do estresse prolongado. Elas ajudam a baixar a pressão arterial, protegem o coração e o sistema digestório e estimulam a atividade cerebral. Prefira frutas e legumes de cores mais vivas, que têm maior concentração de antioxidantes.

4. Cuide do sistema digestório

Há várias maneiras de proteger o sistema digestório: coma alimentos ricos em fibras para evitar a prisão de ventre, beba muita água, para limpar o trato digestivo, e inclua na dieta o iogurte natural, para aumentar a quantidade de bactérias saudáveis em seu intestino. *Junk food*, como hambúrgueres, pizzas e frituras, deixa o sistema digestório lento: evite esse tipo de alimento enquanto estiver sob estresse.

5. Tenha um sono tranquilo

Uma noite bem dormida faz tudo parecer melhor no dia seguinte, além de ser fundamental para regular os hormônios e a pressão arterial, equilibrar o humor, aumentar o nível de energia e fortalecer o sistema imunológico. Cálcio, magnésio e certos aminoácidos promovem um sono tranquilo: você encontrará muitos alimentos ricos nesses nutrientes nas receitas deste livro.

6. Diminua álcool e cafeína

A cafeína é um estimulante e produz no corpo alguns dos mesmos efeitos dos hormônios do estresse; portanto, quando estamos tentando diminuir a ansiedade ou a insônia, é importante limitar o consumo a uma ou duas xícaras de café por dia e evitar cafeína à noite. Já o álcool tem efeito depressivo sobre o sistema nervoso, e você não terá um sono repousante depois de beber muito. No entanto, desfrutar apenas uma taça de vinho tinto de vez em quando pode trazer benefícios à saúde, graças aos antioxidantes da uva.

Encontre a calma interior

Ao adotar uma dieta com alimentos antiestresse, você logo começará a sentir os benefícios. Sua energia, seu humor e sua concentração vão melhorar, e os sintomas incômodos vão desaparecer pouco a pouco. Seus órgãos internos vão funcionar melhor, protegendo-o de infecções e doenças graves no longo prazo. Siga o cardápio semanal das páginas 30-3 e use as soluções rápidas das páginas 26-9, para identificar os principais ingredientes que combaterão seus sintomas. Nas páginas 12-25, descubra como incluir esses ingredientes nas suas refeições.

É claro que só a dieta não vai resolver todos os problemas da sua vida. Se você tem um chefe tirano, uma agenda frenética ou mesmo um cartão de crédito estourado, melhorar sua dieta não fará esses problemas desaparecerem. Mas a alimentação saudável deve lhe proporcionar mais calma e disposição para lidar com o dia a dia. Seu foco e sua energia vão melhorar e os sintomas incômodos vão desaparecer. Você será capaz de lidar com problemas de modo mais eficaz, reduzindo ainda mais o estresse. Este livro é o guia perfeito para alcançar um estado em que você ganha em todas as situações.

SUPERALIMENTOS
QUE ACALMAM

SUPERALIMENTOS

Esses alimentos funcionais contribuem para sua saúde de forma integral e oferecem proteção por longo prazo contra a pressão alta e outros problemas associados ao estresse.

Chocolate amargo

- ✔ Diminui a pressão arterial e o colesterol
- ✔ Equilibra o nível de açúcar no sangue
- ✔ Reduz os hormônios do estresse
- ✔ Estimula o bom humor
- ✔ Dá energia

Comer todos os dias 40 g de chocolate amargo diminui os níveis de cortisol e outros hormônios liberados pelas glândulas suprarrenais em situações de pressão. Prefira as barras com pelo menos 70% de cacau.

É rico em...

- → Antioxidantes, que aumentam a imunidade e promovem o bom funcionamento do coração
- → Feniletilamina, que é liberada no cérebro quando experimentamos emoções positivas
- → Ácido oleico, que combate o colesterol
- → Magnésio, que alivia dores de cabeça, fadiga e palpitações
- → Ferro, que equilibra o humor, alivia dores de cabeça e aumenta a energia

Use em... molhos e ensopados; rale sobre frutas frescas ou iogurte; coma castanha-do-pará coberta com chocolate ou dois quadradinhos como petisco. Mas não esqueça que o chocolate contém açúcar e gordura, que podem prejudicar o controle do peso e do açúcar no sangue.

VEJA: QUADRADOS DE CHOCOLATE E AMÊNDOA, P. 63; PETIT GATEAU DE CHOCOLATE COM CEREJA, P. 124

Manga

- ✔ Regula a pressão arterial
- ✔ Diminui os hormônios do estresse
- ✔ Aumenta a imunidade
- ✔ Auxilia a memória
- ✔ Facilita a digestão

A polpa de uma única manga madura contém três vezes mais vitamina C do que um copo de suco de laranja. Além disso, a manga regula os hormônios do estresse e a pressão arterial. Rica em ferro, ela também aumenta o nível de energia.

É rica em...

- → Antioxidantes e fenóis, que previnem doenças cardiovasculares e derrame
- → Probióticos e fibras, que melhoram a digestão
- → Potássio, que diminui a pressão arterial e alivia palpitações
- → Vitamina C, benéfica para a imunidade, o coração, os olhos e a pele
- → Vitamina B_6, que ajuda a relaxar, reduz o estresse e dá energia

Use em... saladas com queijo feta, frango e pecã; cubra com mascarpone, mel e canela e leve ao forno até borbulhar; bata com framboesa e iogurte para um café da manhã antiestresse; misture em curries e tagines; saboreie ao natural.

VEJA: VITAMINA DE DAMASCO, MANGA E ABACAXI, P. 62; BARRA DE AVEIA E MANGA, P. 64; SALADA DE MANGA E TOFU COM GENGIBRE, P. 80; CURRY DE PEIXE E MANGA COM ARROZ INTEGRAL, P. 88; MANGA BRÛLÉE, P. 108

Aveia

- ✔ Estimula o sistema nervoso
- ✔ Dá energia e alivia a fadiga
- ✔ Estimula a boa digestão
- ✔ Promove um sono reparador

A aveia é conhecida há muito tempo por seu efeito positivo sobre o sistema nervoso. Consumida regularmente, reduz os efeitos do estresse. Auxilia o sistema digestório e, como contém muita proteína, favorece a saúde geral e ajuda a estabilizar os níveis de energia e de açúcar no sangue.

É rica em...

- → Fibras solúveis, que baixam o colesterol e auxiliam a digestão
- → Vitaminas do complexo B, que estimulam a produção da serotonina
- → Cálcio, potássio e vitamina A, essenciais para o bom funcionamento do sistema nervoso
- → Magnésio, que combate a irritabilidade e a ansiedade e alivia dores de cabeça
- → Carboidratos de liberação lenta, que proporcionam energia por longos períodos
- → Fitonutrientes, que protegem o corpo de problemas crônicos, como doenças cardiovasculares

Use em... mingau, ou espalhe sobre cereais, iogurte e frutas; inclua nas coberturas doces e salgadas, como em tortas de peixes e frutas; coma barrinhas de aveia entre as refeições para manter elevado o nível de energia; adicione um punhado em sopas, guisados e caçarolas.

VEJA: MÜSLI COM IOGURTE E MAÇÃ, P. 36; MUFFIN DE MIRTILO E AVEIA, P. 40; BARRA MATINAL DE CEREAL, P. 43

Salmão

✔ Auxilia o sistema nervoso
✔ Alivia inflamações
✔ Melhora a memória e a concentração
✔ Estimula o bom humor

O salmão é rico em vitaminas do complexo B, que combatem o estresse, são benéficas para o sistema nervoso e ajudam a produzir serotonina, a "substância da felicidade". As gorduras ômega do salmão reduzem os níveis de adrenalina e outros hormônios do estresse.

É rico em...

➔ Ômegas, que aliviam inflamações, estimulam o bom funcionamento do cérebro e reduzem o risco de doenças cardiovasculares e derrame
➔ DHA (ácido docosa-hexaenoico), que alivia a depressão e melhora o humor e a cognição
➔ Selênio, que protege o coração e as articulações
➔ Vitaminas B_6 e B_{12}, que diminuem os sintomas do estresse
➔ Vitamina D e certas proteínas com ação anti-inflamatória contra enxaqueca e outras dores

Use em... ovos mexidos, para um café da manhã antiestresse rico em proteínas; desfie em massas, risotos e saladas com ervas; sirva no pão de centeio com maionese light e um pouco de endro picado; escalde e cubra com uma camada de pesto; asse no forno com aspargo fresco; faça hambúrgueres e bolinhos de peixe.

VEJA: OMELETE DE SALMÃO DEFUMADO COM ERVAS, P. 48; ROLINHO DE SALMÃO E ASPARGO, P. 50; LENTILHA COM SALMÃO DESFIADO, P. 72; SALMÃO COM PURÊ DE EDAMAME E AIPO, P. 90

Gengibre

✔ Alivia problemas digestivos
✔ Diminui inflamações e dores musculares
✔ Melhora o humor
✔ Estimula a absorção de nutrientes

Estudos provaram que o gengibre atenua os sintomas do estresse, estimula a libido e o bom humor, tem ação analgésica para dores de cabeça e musculares e ajuda o sistema digestório. É rico em nutrientes que fortalecem a imunidade e diminuem o impacto dos hormônios do estresse sobre o sistema nervoso.

É rico em...

➔ Gingerol, fitonutriente que reduz as dores musculares e de cabeça associadas à tensão, melhora a digestão, por estimular as papilas gustativas e a saliva, e diminui a náusea
➔ Antioxidantes, que fortalecem o sistema imunológico
➔ Vitamina B_6, que protege dos efeitos do estresse
➔ Substâncias químicas que protegem o cérebro dos efeitos da oscilação no nível de açúcar no sangue causada por estresse prolongado

Use em... chá quente de limão e gengibre; rale em curries e sopas, para dar um sabor marcante; acrescente em salteados e salada de frutas; misture com mel e iogurte natural.

VEJA: SALADA DE MANGA E TOFU COM GENGIBRE, P. 80; CURRY TAILANDÊS DE MEXILHÃO COM GENGIBRE, P. 92; TAGINE DE LEGUMES COM MOLHO DE ROMÃ, P. 94; CURRY DE GRÃO-DE-BICO COM GENGIBRE, P. 96

Peru

- ✔ Promove um sono reparador
- ✔ Diminui a ansiedade
- ✔ Estimula o bom humor
- ✔ Regula o funcionamento do sistema nervoso

Os aminoácidos do peru promovem uma sensação de calma e ainda melhoram o humor e regulam o ciclo do sono. Com baixo teor de gorduras saturadas, é uma alternativa saudável a muitos tipos de carne. Contém vitaminas do complexo B, que ajudam o corpo a processar as gorduras, facilitando a digestão.

É rico em...

- → Triptofano, que estimula a liberação de serotonina, melhorando o humor e o sono
- → Fenilalanina, aminoácido que ajuda a prevenir a depressão
- → Vitaminas B_3 e B_6, importantes para o sistema nervoso. Em períodos de estresse há carência dessas vitaminas
- → Selênio, que promove o bom funcionamento do sistema imunológico
- → Proteína, que equilibra o açúcar no sangue e garante aminoácidos para a reparação de tecidos.

Use em... salada de folhas crocantes, com nozes, frutas secas e cubos de batata-doce; grelhe, misture com um pouco de molho mexicano, salpique com queijo e recheie tortilhas integrais; faça hambúrgueres temperados com estragão e cebolinha-francesa; acrescente à fritada no lugar do bacon para o café da manhã.

VEJA: SALADA DE PERU, AMENDOIM E MANGA, P. 83; SALADA DE ARROZ SELVAGEM E PERU, P. 84; CROQUE MADAME DE PERU, P. 86; HAMBÚRGUER DE PERU COM BATATA-DOCE, P. 102

Castanha-do-pará

- ✔ Estabiliza o humor
- ✔ Equilibra os hormônios
- ✔ Dá energia e melhora a memória
- ✔ Previne a ansiedade

A castanha-do-pará é a melhor fonte natural de selênio, mineral que traz vários benefícios, muitos deles associados à diminuição do estresse. É rica em gorduras benéficas, que podem reduzir inflamações e o risco de doenças cardiovasculares, bem como em vitaminas do complexo B, que auxiliam o sistema nervoso.

É rica em...

- → Zinco, que melhora a imunidade, a libido, o equilíbrio hormonal, o nível de energia e a memória, mas que costuma se esgotar em períodos de estresse
- → Selênio, que ajuda a equilibrar o humor e previne a ansiedade e a depressão
- → Vitaminas do complexo B, para reduzir o impacto do estresse
- → Ômegas, que aliviam inflamações e fazem bem ao coração
- → Magnésio, para dar energia e auxiliar o sistema nervoso

Use em... müsli matinal – apenas um punhado fornece a dose diária recomendada de selênio; mergulhe em chocolate amargo para aliviar o estresse; adicione à salada com alface, queijo feta e uva-passa; pique e acrescente a crumbles e caçarolas.

VEJA: CRUMBLE DE MAÇÃ E CRANBERRY, P. 114; FONDUE DE CHOCOLATE COM FRUTAS FRESCAS E SECAS, P. 122

Mirtilo

- ✔ Aumenta os níveis de energia
- ✔ Reduz a pressão arterial
- ✔ Diminui o impacto físico e emocional do estresse
- ✔ Reduz inflamações
- ✔ Melhora a concentração e a memória

Um dos superalimentos campeões em benefícios, o mirtilo contém grande quantidade de antioxidantes, que reparam e protegem dos efeitos do estresse. Também fornece energia e equilibra o humor.

É rico em...

- → Nutrientes antioxidantes, como as antocianinas, que reduzem a pressão arterial, protegem o sistema nervoso e o trato digestivo, promovem a saúde do cérebro e o equilíbrio do açúcar no sangue
- → Vitamina C, que aumenta a imunidade e reduz o impacto do cortisol
- → Fibras, que equilibram o nível de açúcar no sangue
- → Vitaminas do complexo B, que melhoram o metabolismo, o nível de energia e a saúde do sistema nervoso

Use em... cereais matinais; bata com iogurte natural e um pouco de mel para fazer um creme delicioso; acrescente a panquecas ou muffins integrais; faça vitaminas com mirtilo congelado; acrescente a uma salada com queijo de cabra e amêndoa laminada.

VEJA: MUFFIN DE MIRTILO E AVEIA, P. 40; SORVETE DE MIRTILO E LIMÃO, P. 110; CREME DE MIRTILO, P. 120

Pistache

- ✔ Diminui os efeitos nocivos da pressão alta
- ✔ Equilibra o nível de açúcar no sangue
- ✔ Protege o coração
- ✔ Alivia inflamações
- ✔ Aumenta o nível de energia

O pistache é uma grande fonte de nutrientes essenciais, como magnésio e vitaminas do complexo B, que fortalecem o sistema imunológico, e de gorduras saudáveis, que protegem o coração.

É rico em...

- → Vitaminas A e E, que ajudam a evitar inflamações que causam transtornos digestivos e dores
- → Ômegas, que reduzem inflamações, fazem bem ao cérebro, ao coração e ao sistema imunológico
- → Vitamina B_6, essencial para o suprimento de sangue oxigenado, que mantém o nível de energia, e a saúde dos sistemas imunológico e nervoso
- → Proteínas, fibras e gorduras saudáveis, que equilibram o açúcar no sangue

Use em... salada de frutas e de legumes; asse levemente para aumentar o conteúdo de ômega-3; acrescente ao müsli, cereal ou iogurte; salteie com frango, vegetais crocantes e gengibre; triture e faça uma crosta para assar carne bovina ou de cordeiro.

VEJA: PURÊ DE DAMASCO COM IOGURTE E PISTACHE, P. 39; BANANA ASSADA, P. 112; CREME DE MIRTILO, P. 120

Damasco

- ✔ Alivia dores de cabeça e tensão muscular
- ✔ Diminui palpitações
- ✔ Fortalece o sistema imunológico
- ✔ Protege dos danos do estresse
- ✔ Dá energia

O damasco contém grande quantidade de magnésio, mineral antiestresse que diminui a liberação do cortisol. É rico em antioxidantes, que protegem contra o estresse, e ferro, que aumenta a oxigenação do sangue e combate a fadiga.

É rico em...

- ➔ Magnésio, que reduz palpitações, relaxa os músculos, promove um sono reparador e o bom funcionamento do sistema nervoso
- ➔ Fibras, que auxiliam a digestão e a absorção de nutrientes dos alimentos
- ➔ Betacaroteno e licopeno, antioxidantes que protegem o coração e elevam a imunidade
- ➔ Ferro, que aumenta a imunidade e dá energia

Use em... saladas salgadas e doces; seco, em pratos com frango; misture na massa de panqueca integral; bata com banana congelada e iogurte natural para uma vitamina energética; cozinhe com água e um pouco de mel para fazer uma compota deliciosa.

VEJA: PURÊ DE DAMASCO COM IOGURTE E PISTACHE, P. 39; VITAMINA DE DAMASCO, MANGA E ABACAXI, P. 62

Espinafre

- ✔ Evita picos de pressão arterial
- ✔ Relaxa os músculos
- ✔ Promove um sono reparador
- ✔ Diminui a ansiedade
- ✔ Regula os hormônios do estresse
- ✔ Aumenta o bem-estar

O espinafre acalma e ajuda a relaxar, em parte devido ao alto teor de magnésio. É rico em ferro, que evita a fadiga e ajuda a eliminar o excesso de cortisol no sangue. O ácido fólico e outras vitaminas do complexo B atuam no sistema nervoso e auxiliam a concentração e a memória.

É rico em...

- ➔ Fibras, que equilibram o nível de açúcar no sangue e estimulam a boa digestão
- ➔ Neoxantina e violaxantina, substâncias anti-inflamatórias que amenizam as dores
- ➔ Peptídeos, que reduzem a pressão arterial
- ➔ Vitamina K, que auxilia o sistema nervoso e a atividade cerebral

Use em... sopas, guisados e caçarolas, no fim do cozimento; no lugar da alface em sanduíches e saladas; com queijo e cebolinha-francesa em uma omelete leve e substanciosa; bata com ricota, alho e abóbora-cheirosa cozida no vapor, para obter um molho para massas ou recheio para batata assada.

VEJA: SALADA QUENTE DE ESPINAFRE, P. 79; TAGINE DE LEGUMES COM MOLHO DE ROMÃ, P. 94

Batata-doce

- ✔ Diminui inflamações
- ✔ Regula o nível de açúcar no sangue
- ✔ Ajuda a digestão
- ✔ Contribui para o relaxamento
- ✔ Estimula o bom humor

Ótima fonte de fibras, a batata-doce pode aliviar problemas digestivos e estabilizar o nível de açúcar no sangue. Sua cor indica abundância de vitaminas antioxidantes e outras substâncias essenciais que evitam inflamações associadas ao estresse.

É rica em...

- → Vitamina B_6, que protege o sistema nervoso, promove o relaxamento e previne doenças cardiovasculares
- → Vitamina C, que ajuda a reduzir a ação do cortisol, aumenta a imunidade e facilita a digestão
- → Vitamina D, que atua no coração e nos nervos, alivia a fadiga e equilibra o humor
- → Magnésio, que ajuda a relaxar e promove um sono reparador

Use em... sopas, curries, caçarolas e guisados; amasse com um pouco de coalhada semidesnatada e pimenta para um acompanhamento delicioso; asse gomos de batata-doce em azeite como alternativa à batata frita; asse com a casca e recheie com uma mistura de atum, coalhada, suco de limão e coentro picado.

VEJA: SOPA DE BATATA-DOCE E REPOLHO, P. 66; TAGINE DE LEGUMES COM MOLHO DE ROMÃ, P. 94; ESTROGONOFE DE COGUMELO E PURÊ DE BATATA-DOCE, P. 98; BATATA-DOCE ASSADA COM CHILLI DE LEGUME, P. 100

Maçã

- ✔ Equilibra o nível de açúcar no sangue
- ✔ Auxilia a função hepática
- ✔ Reduz o cortisol
- ✔ Diminui a depressão
- ✔ Estimula a digestão

A maçã contém uma série de nutrientes que reduzem a produção do cortisol, hormônio do estresse, ao mesmo tempo que ajuda a equilibrar o açúcar no sangue. Rica em antioxidantes, age praticamente em todo o corpo em períodos de estresse.

É rica em...

- → Quercetina, nutriente que auxilia o sistema imunológico, diminui a produção de cortisol e melhora o funcionamento do cérebro
- → Fósforo e ferro, que reparam danos causados pelo estresse
- → Pectina, fibra solúvel que contribui para a saúde do trato digestivo e equilibra o açúcar no sangue
- → Enxofre, que estimula o funcionamento do fígado

Use em... pratos com repolho, para obter mais sabor; recheie o peito de frango com maçã, nozes, tomilho e farinha de rosca integral; misture com mel e uva-passa, cubra com crumble de aveia e nozes e asse; faça um purê para acompanhar carne de porco ou peixe grelhado.

VEJA: MÜSLI COM IOGURTE E MAÇÃ, P. 36; COMPOTA DE MAÇÃ, PERA E CEREJA, P. 38; SALADA DE QUEIJO DE CABRA, MAÇÃ E NOZES, P. 76; CRUMBLE DE MAÇÃ E CRANBERRY, P. 114

Uva

- ✔ Reduz o risco de pressão alta
- ✔ Alivia a depressão
- ✔ Faz bem para o coração
- ✔ Ajuda a prevenir indigestão e úlceras estomacais
- ✔ Melhora a memória e a concentração

Tanto a uva verde quanto a preta - em particular, sementes e casca - contêm vitaminas, sais minerais e outros nutrientes essenciais que amenizam o estresse, além de facilitar a digestão e aliviar dores de cabeça. É um remédio tradicional contra a fadiga, provavelmente por seu alto teor de ferro.

É rica em...

- → Manganês e potássio, que reduzem a pressão arterial, aumentam a imunidade e previnem a depressão
- → Resveratrol, que estimula a saúde do coração, diminui os níveis de açúcar e gordura no sangue e reduz a pressão arterial
- → Bactérias benéficas, que estimulam a digestão e previnem úlceras estomacais
- → Antioxidantes e substâncias que reduzem inflamações, protegem o coração e as células dos danos do estresse

Use em... saladas com queijo feta e amêndoa torrada; congele para ter à mão um lanchinho refrescante; sirva cortadas ao meio com nozes, frango cozido e alface com molho de iogurte e mel; asse com a carne de porco; misture uva roxa, cebolinha e damasco picado ao arroz cozido e acrescente um molho de iogurte.

VEJA: SALADA DE QUEIJO DE CABRA, MAÇÃ E NOZES, P. 76; FONDUE DE CHOCOLATE COM FRUTAS FRESCAS E SECAS, P. 122

Cereja

- ✔ Reduz inflamações e dores
- ✔ Ajuda a relaxar e estimula um sono reparador
- ✔ Melhora a concentração
- ✔ Alivia a depressão
- ✔ Diminui a compulsão por alimentos
- ✔ Aumenta a libido

Tanto a cereja doce quanto a ácida (amarena) são ricas em nutrientes que promovem o bem-estar, auxiliam na saúde do coração e evitam o diabetes. Pode aliviar dores associadas à tensão, como dor de cabeça, e proteger contra os efeitos nocivos do estresse.

É rica em...

- → Melatonina, hormônio com ação calmante que ajuda a promover um sono reparador
- → Antocianinas, fitonutrientes que bloqueiam a inflamação e as dores, inclusive de cabeça, associadas ao estresse
- → Tirosina, aminoácido que melhora o sono, o humor, a virilidade e a concentração
- → Fibras, que controlam o açúcar no sangue e estimulam a digestão

Use em... vitaminas matinais com iogurte natural; suco de cereja, que alivia rapidamente problemas digestivos e dores de cabeça; mergulhe no chocolate amargo para um petisco delicioso e nutritivo; secas ou congeladas, para um lanchinho saudável; acrescente em panquecas integrais; faça um molho de cereja para pratos à base de porco ou ave.

VEJA: PARFAIT DE CEREJA E CANELA, P. 116; PETIT GATEAU DE CHOCOLATE COM CEREJA, P. 124

Arroz integral

- ✔ Reduz o nível de cortisol
- ✔ Alivia a ansiedade
- ✔ Equilibra o nível de açúcar no sangue
- ✔ Alivia dores de cabeça
- ✔ Diminui a pressão arterial
- ✔ Dá energia

Uma excelente fonte de fibras, vitaminas e sais minerais, o arroz integral também contém muito triptofano, aminoácido que eleva os níveis de serotonina e melatonina, aumentando a sensação de bem-estar e promovendo um sono reparador. Promove uma limpeza no trato digestivo e estimula a absorção de nutrientes.

É rico em...

- → Vitaminas do complexo B, que auxiliam o sistema nervoso, melhoram o humor e a concentração
- → Manganês, para o sistema nervoso e a produção de energia
- → Selênio, que aumenta a imunidade, equilibra o humor e beneficia o coração
- → Magnésio, que relaxa, reduz a pressão arterial, diminui a incidência de dores de cabeça, previne espasmos musculares e estimula um sono reparador

Use em... saladas com frutas vermelhas, sementes, nozes, cebolinha, ervas e molho vinagrete leve; faça arroz-doce integral com leite de soja, canela, noz-moscada, uva-passa branca e mel; misture com cogumelo e alho-poró refogados para criar um acompanhamento delicioso; cubra com frango grelhado, molho mexicano e queijo ralado para um prato ao estilo mexicano.

VEJA: SALADA MEDITERRÂNEA DE ARROZ INTEGRAL, P. 82; ARROZ-DOCE INTEGRAL, P. 113

Cogumelo

- ✔ Equilibra o nível de açúcar no sangue
- ✔ Melhora as funções hepática e endócrina
- ✔ Estimula o bom humor
- ✔ Aumenta a imunidade

Uma ótima fonte de selênio, que aumenta a imunidade e estimula o bom humor, o cogumelo retém seus nutrientes mesmo quando vai ao fogo. Contém insulina natural, que ajuda a equilibrar o nível de açúcar no sangue e restabelecer a calma.

É rico em...

- → Polissacarídeos, que fortalecem o sistema imunológico
- → Cobre, que ajuda na produção de células do sangue e faz bem ao coração
- → Potássio, que diminui a pressão arterial e reduz o risco de derrame
- → Niacina, que beneficia o sistema nervoso

Use em... guisados, sopas, salteados e caçarolas; refogue com um pouco de azeite e salsa e adicione em omeletes e fritadas; fatie e junte à salada quente de espinafre; refogue com alho e cebola e sirva com torrada integral.

VEJA: OVO MEXIDO SOBRE COGUMELO GRELHADO, P. 46; FRITADA DE BACON E COGUMELO, P. 47; WRAP DE COGUMELO GRELHADO E ALHO, P. 69; SALADA QUENTE DE ESPINAFRE, P. 79; ESTROGONOFE DE COGUMELO E PURÊ DE BATATA-DOCE, P. 98; RISOTO DE FRANGO E CEVADA, P. 105

Beterraba

- ✔ É afrodisíaca
- ✔ Ajuda a relaxar
- ✔ Promove sensação de bem-estar
- ✔ Reduz a pressão arterial
- ✔ Dá energia
- ✔ Estimula a saúde do sistema nervoso

A beterraba é rica em várias vitaminas e sais minerais e uma das principais fontes de ferro, que aumenta o nível de energia. Contém betaína e triptofano, que aliviam a depressão e estimulam o bom humor.

É rica em...

- ➔ Ácido fólico, que ajuda a formar tecidos e glóbulos vermelhos do sangue, aumentando o nível de energia
- ➔ Betalaína, substância com propriedades anti-inflamatórias e antioxidantes
- ➔ Nitratos, que reduzem, no espaço de uma hora, a pressão alta associada ao estresse
- ➔ Boro, que pode ajudar a melhorar a libido em homens e mulheres

Use em... borscht, uma sopa típica do Leste Europeu; asse e cubra com queijo feta e nozes torradas em uma salada nutritiva; faça suco e sirva com gelo triturado para estimular o bom humor; asse, faça um purê com um pouco de raiz-forte e sirva com pão sírio torrado ou legumes crus.

VEJA: BETERRABA ASSADA COM SALADA DE QUEIJO FETA, P. 74; SALADA MEDITERRÂNEA DE ARROZ INTEGRAL, P. 82; TAGINE DE LEGUMES COM MOLHO DE ROMÃ, P. 94

Abacate

- ✔ Reduz o colesterol
- ✔ Regula a pressão arterial
- ✔ Melhora a imunidade
- ✔ Facilita a digestão
- ✔ Equilibra o nível de açúcar no sangue
- ✔ Aumenta a absorção de nutrientes de outros alimentos

O abacate contém mais de 25 nutrientes, incluindo vitaminas do complexo B e potássio, que auxiliam o sistema nervoso. Suas gorduras são benéficas para o coração e o controle da pressão arterial. Tem alto teor de vitamina E, que aumenta a imunidade e faz bem à pele.

É rico em...

- → Betassitosterol, que diminui o colesterol ruim
- → Potássio, que controla a pressão arterial
- → Fibras e gorduras monoinsaturadas, que equilibram o nível de açúcar no sangue e previnem a resistência à insulina, um efeito colateral comum do estresse
- → Ácido fólico, ácido pantotênico e vitamina K, que reduzem o estresse e auxiliam o sistema nervoso

Use em... salada de espinafre, para aumentar a ingestão de nutrientes em até 200%; amasse com cebola, tomate picado e um pouco de pimenta-malagueta para preparar guacamole; faça vitaminas para um lanche energético; recheie com ovo picado e cubra com cebolinha-francesa para um almoço nutritivo e fácil de fazer.

VEJA: GUACAMOLE COM TORTILHA, P. 54; ABACATE COM MOLHO DE IOGURTE, P. 57; SALADA QUENTE DE ESPINAFRE, P. 79

Ovo

- ✔ Faz bem para o coração
- ✔ Regula o humor
- ✔ Estimula o estado de alerta
- ✔ Promove a saúde do cérebro e do sistema nervoso
- ✔ Aumenta o nível de energia
- ✔ Auxilia o trabalho das suprarrenais

Poucos alimentos são tão ricos em nutrientes essenciais quanto o ovo. Sua grande quantidade de proteína equilibra o açúcar no sangue e garante energia por longos períodos. Rico em vitaminas do complexo B, essenciais para o sistema nervoso, é fundamental em toda dieta antiestresse.

É rico em...

- → Triptofano, que ajuda a regular o humor e estimula o sono
- → Tirosina, que promove a atividade mental e melhora a concentração
- → Proteína, que contribui para a saúde geral e ajuda a estabilizar os níveis de energia e de açúcar no sangue
- → Ácido pantotênico, a vitamina antiestresse, que auxilia as suprarrenais

Use em... omelete recheada com espinafre e cogumelo; ovos cozidos; faça ovo poché e sirva com salmão defumado e torrada integral; cozinhe com tomate picado e pimenta-malagueta, para um café da manhã ao estilo mexicano; faça ovos mexidos para rechear tortilhas e burritos; cozinhe, amasse com um pouco de iogurte natural e endro e sirva sobre alface ou pão integral.

VEJA: OVO POCHÉ À MODA TURCA COM IOGURTE, P. 44; OVO MEXIDO SOBRE COGUMELO GRELHADO, P. 46; FRITADA DE BACON E COGUMELO, P. 47; OMELETE DE SALMÃO DEFUMADO COM ERVAS, P. 48; OVO RECHEADO, P. 60

Canela

- ✔ Controla o nível de açúcar no sangue
- ✔ Aumenta a imunidade
- ✔ Estimula o funcionamento do cérebro
- ✔ Protege de doenças cardiovasculares
- ✔ Combate inflamações
- ✔ Reduz o nível de cortisol

Usada há muito tempo para fins medicinais, a canela diminui o nível de açúcar no sangue, fornece energia e alivia o impacto do estresse. Seu aroma estimula o funcionamento do cérebro e da memória.

É rica em...

- → MHCP, um polifenol que reduz o nível de açúcar no sangue e a ansiedade
- → Substâncias anti-inflamatórias, que fazem bem ao coração, protegem as artérias dos danos do estresse e aliviam dores musculares e articulares
- → Cálcio, que alivia a ansiedade e reequilibra o sistema nervoso
- → Óleos essenciais, que aumentam a imunidade e estimulam a digestão

Use em... mingaus; suco de maçã fresco e morno; purês de frutas sem açúcar servidos com iogurte natural; adicione 1 colher (chá) em caçarolas de frango ou cordeiro; coloque paus de canela em água fervente para um chá estimulante; polvilhe sobre banana amassada e sirva com torrada integral.

VEJA: HOMUS DE EDAMAME, P. 58; TAGINE DE LEGUMES COM MOLHO DE ROMÃ, P. 94; MANGA BRÛLÉE, P. 108; ARROZ-DOCE INTEGRAL, P. 113; CRUMBLE DE MAÇÃ E CRANBERRY, P. 114; PARFAIT DE CEREJA E CANELA, P. 116

Cranberry

- ✔ Equilibra o nível de açúcar no sangue
- ✔ Faz bem ao coração
- ✔ Reduz inflamações
- ✔ Protege o cérebro de danos do estresse
- ✔ Aumenta a imunidade
- ✔ Estimula a digestão

Cranberry é uma das principais fontes de vitamina C e outros nutrientes antioxidantes, que são importantes na redução dos efeitos do estresse, além de promover o bem-estar. Repleto de fibras, ajuda a regular a digestão e o nível de açúcar no sangue.

É rico em...

- → Fitonutrientes, que reduzem inflamações, aliviam dores musculares e das articulações e melhoram a saúde bucal, a digestão e o funcionamento do coração
- → Proantocianidinas, que aumentam a imunidade
- → Resveratrol, piceatanol e pterostilbeno, que ajudam a prevenir problemas cardiovasculares causados pelo estresse
- → Substâncias que ajudam a prevenir úlceras estomacais

Use em... tagines ou guisados de frango ou de cordeiro; acrescente cranberry seco ao müsli ou cereal matinal; misture com maçã e canela e cubra com aveia para preparar um crumble saboroso; faça um suco, adoce com maple syrup e aqueça para obter uma bebida nutritiva; acrescente cranberry seco à salada de folhas verdes escuras e queijo de cabra; recheie uma maçã com cranberry e um pouco de açúcar mascavo e canela e asse.

VEJA: CRUMBLE DE MAÇÃ E CRANBERRY, P. 114

Iogurte natural

- ✔ Estimula a digestão
- ✔ Reduz o risco de pressão alta
- ✔ Aumenta a absorção de vitaminas do complexo B, que aliviam o estresse
- ✔ Melhora a imunidade
- ✔ Promove um sono reparador
- ✔ Alivia a ansiedade

O iogurte é rico em probióticos (bactérias benéficas), que melhoram o funcionamento do intestino, e é ótima fonte de cálcio e vitaminas do complexo B. Beneficia os sistemas digestório e imunológico e até mesmo a saúde emocional.

É rico em...

- ➔ Bactérias benéficas, que melhoram a absorção de nutrientes e aumentam a imunidade
- ➔ Probióticos, que atuam nas substâncias químicas presentes no cérebro, associadas ao estresse, à ansiedade e à depressão
- ➔ Cálcio, que atua sobre o sistema nervoso e promove um sono reparador
- ➔ Vitaminas do complexo B, que auxiliam o sistema nervoso e ajudam a relaxar

Use em... vitaminas de frutas; misture com cebolinha-francesa, sal e pimenta-do-reino para rechear batata assada; no lugar do leite, com cereais matinais e müsli; bata com ervas, especiarias e azeite para fazer um patê cremoso; misture com suco e raspas de limão e endro para um molho de salada; sopas e curries, no lugar do leite de coco ou do creme de leite.

VEJA: MÜSLI COM IOGURTE E MAÇÃ, P. 36; COMPOTA DE MAÇÃ, PERA E CEREJA, P. 38; OVO POCHÉ À MODA TURCA COM IOGURTE, P. 44; GRATIN DE IOGURTE E FRAMBOESA, P. 121

Pipoca

- ✔ Estimula a digestão
- ✔ Equilibra o nível de açúcar no sangue
- ✔ Protege de doenças associadas ao estresse
- ✔ Aumenta os níveis de energia

É incrível, mas a pipoca contém mais antioxidantes do que as frutas e os legumes e, sendo um grão integral, é uma excelente fonte de vitaminas do complexo B, fibras, carboidratos de liberação lenta e proteínas. Cuidado com o sal e a manteiga, que podem adicionar calorias desnecessárias.

É rica em...

- ➔ Polifenóis, antioxidantes presentes nas plantas que protegem de doenças e danos do estresse
- ➔ Ácido ferúlico, que protege de câncer, diabetes, problemas cardiovasculares e doenças do sistema nervoso
- ➔ Fibras, que auxiliam a digestão e a absorção de nutrientes
- ➔ Vitaminas do complexo B, que beneficiam o sistema nervoso e a produção de energia

Use em... saladas e sopas, no lugar de croûtons; regue com azeite e tempere com sal e pimenta-do-reino moída na hora para o lanche; aromatize com ervas frescas picadas; regue com um pouco de maple syrup e adicione amêndoa picada; polvilhe com gengibre ou canela em pó; triture e use para empanar frango ou peixe, no lugar da farinha.

Amêndoa

- ✔ Estabiliza o nível de açúcar no sangue
- ✔ Diminui o colesterol ruim
- ✔ Aumenta os níveis de energia
- ✔ Ajuda a relaxar
- ✔ Protege o coração

A amêndoa contém mais nutrientes do que qualquer outra oleaginosa e é uma ótima fonte de vitamina E, cálcio, magnésio, fósforo e ferro, importantes no combate ao estresse. Suas gorduras benéficas ajudam a evitar doenças cardiovasculares e diminuem as inflamações.

É rica em...

- → Vitamina E, antioxidante que evita danos causados pelo estresse e melhora a imunidade
- → Vitaminas do complexo B e magnésio, que ajudam a produzir serotonina, regulando o humor e aliviando os sintomas do estresse
- → Zinco, que combate os efeitos do estresse
- → Cálcio, que promove o relaxamento e o sono reparador

Use em... saladas com queijo e frutas secas; espalhe manteiga de amêndoa em torradas; use leite de amêndoa em cereais ou bebidas quentes; acrescente ao müsli ou crumble; use farinha de amêndoa para empanar peixe ou peito de frango; faça pesto com amêndoa no lugar do pinhole.

VEJA: BETERRABA ASSADA COM SALADA DE QUEIJO FETA, P. 74; BANANA ASSADA, P. 112; CRUMBLE DE MAÇÃ E CRANBERRY, P. 114; TORTA DE RICOTA, AMEIXA E AMÊNDOA, P. 118; FONDUE DE CHOCOLATE COM FRUTAS FRESCAS E SECAS, P. 122

Banana

- ✔ Protege o sistema nervoso
- ✔ Faz bem para o coração
- ✔ Estimula o bom humor
- ✔ Promove a sensação de calma
- ✔ Dá energia

A banana é um "pacotinho de energia", com uma gama de nutrientes essenciais para ajudar o corpo a funcionar de maneira ideal. Contém grande quantidade de potássio (muitas vezes, deficiente na dieta ocidental), que auxilia o sistema nervoso e equilibra o humor.

É rica em...

- → Potássio, para a saúde do coração e do sistema nervoso e também para reduzir a pressão arterial
- → Triptofano, que estimula a produção de serotonina para um efeito calmante
- → Vitamina B_6, para a produção de glóbulos vermelhos e anticorpos, que combatem doenças
- → Fibras, que melhoram a digestão e equilibram o nível de açúcar no sangue

Use em... vitaminas de fruta; saladas de fruta; amassada sobre torrada integral e polvilhada com canela; assada, com gotas de baunilha e um pouco de maple syrup, servida com iogurte natural; grelhe e sirva com carne de pato ou de porco ao molho teriyaki.

VEJA: BANANA ASSADA, P. 112

QUAL É A SUA DIFICULDADE?

A alimentação adequada pode combater o estresse. Identifique os seus sintomas e escolha os ingredientes e receitas que ajudam a aliviá-los. Neste capítulo há um ícone para cada dificuldade. Eles se repetem nas receitas para indicar quais as mais eficazes.

Dor de cabeça

Grãos integrais, salmão, azeite, gengibre, nozes, sementes, frutas vermelhas, pepino, melão, tomate, grapefruit, damasco, papaia, pêssego, canela, alecrim, aveia.

Receitas indicadas: Purê de damasco com iogurte e pistache, p. 39; Salmão com purê de edamame e aipo, p. 90; Curry de grão-de-bico com gengibre, p. 96; Crumble de maçã e cranberry, p. 114

Dor e tensão muscular

Gengibre, salmão, cereja amarena, iogurte, ovo, amendoim, peru, lentilha, amêndoa.

Receitas indicadas: Compota de maçã, pera e cereja, p. 38; Ovo poché à moda turca com iogurte, p. 44; Lentilha com salmão desfiado, p. 72; Tagine de legumes com molho de romã, p. 94; Petit gateau de chocolate com cereja, p. 124

Problemas digestivos (diarreia/dor de estômago/ Indigestão/ prisão de ventre)

Salmão, gengibre, banana, pão de centeio, canela, maçã, espinafre, edamame, batata-doce, iogurte, frutas vermelhas, abacate, cevada, óleo de linhaça, arroz integral.

Receitas indicadas: Müsli com iogurte e maçã, p. 36; Salada quente de espinafre, p. 79; Salada mediterrânea de arroz integral, p. 82

Tontura

Frango, ovo, leguminosas, tofu, iogurte, peixe, grãos integrais, banana, pêssego, damasco, espinafre, aspargo, ervilha.

Receitas indicadas: Rolinho de salmão e aspargo, p. 50; Hambúrguer de peru com batata-doce, p. 102; Risoto de frango e cevada, p. 105; Banana assada, p. 112

Falta de ar

Nozes, sementes, leguminosas, damasco seco, uva-passa escura e branca, espinafre, carne vermelha magra, brócolis.
Receitas indicadas:
Vitamina de damasco, manga e abacaxi, p. 62; Salada de queijo de cabra, maçã e nozes, p. 76; Ensopado de cordeiro e feijão-manteiga, p. 106; Fondue de chocolate com frutas frescas e secas, p. 122

Pressão alta

Leite desnatado, espinafre, semente de girassol, feijão, batata assada, banana, edamame, salmão, chocolate amargo.
Receitas indicadas:
Homus de edamame, p. 58; Quadrado de chocolate e amêndoa, p. 63; Salada de manga e tofu com gengibre, p. 80; Tortilha de batata e cebola, p. 97

Irritabilidade

Atum, salmão, arenque, aveia, feijão-preto, semente de abóbora, alcachofra, chocolate amargo, espinafre, banana, amendoim, arroz integral, caju.
Receitas indicadas:
Barra de aveia e manga, p. 64; Salada de conchiglie e salmão defumado, p. 73; Salada de peru, amendoim e manga, p. 83; Estrogonofe de cogumelo e purê de batata-doce, p. 98

Falta de concentração e memória fraca

Brócolis, couve-de-bruxelas, couve-flor, espinafre, frutas vermelhas, cereja, groselha-preta, berinjela, cebola, maçã vermelha, beterraba, alho-poró, damasco, uva, lentilha, edamame, laranja, peixe, chocolate amargo, grãos integrais.
Receitas indicadas:
Homus de edamame, p. 58; Beterraba assada com salada de queijo feta, p. 74

Ansiedade

Castanha-do-pará, pêssego, mirtilo, açaí, amêndoa, chocolate amargo, aveia, arroz integral, edamame, banana, amendoim, abacate, melão, alface, framboesa, fava.

Receitas indicadas: Müsli com iogurte e maçã, p. 36; Guacamole com tortilha, p. 54; Quadrado de chocolate e amêndoa, p. 63; Salada quente de espinafre, p. 79; Creme de mirtilo, p. 120

Alterações de humor

Grãos integrais, leguminosas, atum, salmão, linguado, queijo, iogurte, chá-verde, canela, chocolate amargo, cogumelo, amêndoa, castanha--do-pará, pistache, mirtilo, romã, folhas verdes.

Receitas indicadas: Omelete de salmão defumado com ervas, p. 48; Wrap de cogumelo grelhado e alho, p. 69; Estrogonofe de cogumelo e purê de batata-doce, p. 98

Depressão/ tristeza

Salmão, grãos integrais, aveia, nozes, sementes, leguminosas, arroz integral, levedura de cerveja, quinoa, repolho, castanha--do-pará, chocolate amargo, batata--doce, kiwi, pimentão, laranja, cenoura, melão, damasco.

Receitas indicadas: Patê de alho e feijão, p. 56; Sopa de feijão-branco e bacon, p. 68; Tagine de legumes com molho de romã, p. 94

Dor no peito/ palpitação

Grãos integrais, nozes, sementes, salmão, arenque, frutas e legumes frescos.

Receitas indicadas: Vitamina de damasco, manga e abacaxi, p. 62; Salada de conchiglie e salmão defumado, p. 73; Batata-doce assada com chilli de legume, p. 100; Quinoa com frango, limão e ervas, p. 104

Resfriados frequentes e infecções

Alho, batata, raiz-forte, frutas vermelhas, aveia, gengibre, iogurte, damasco, aspargo, manga, couve-flor, aipo, cogumelo, batata-doce, moluscos, castanha-do-pará, pêssego, brócolis, semente de girassol, aipo.

Receitas indicadas: Kebab de camarão com arroz selvagem, p. 91; Curry de grão-de-bico com gengibre, p. 96; Manga brûlée, p. 108

Queda de libido

Aipo, moluscos, abacaxi, banana, abacate, amêndoa, manga, pêssego, morango, ovo, figo, alho, chocolate amargo.

Receitas indicadas: Ovo recheado, p. 60; Vitamina de damasco, manga e abacaxi, p. 62; Espeto de vieira ao limão com rúcula, p. 70; Curry tailandês de mexilhão com gengibre, p. 92

Distúrbios do sono

Pipoca, aveia, laticínios, amendoim, uva, edamame, sementes, leguminosas, ovo, mel, amêndoa, abacate, banana, frutos do mar, peru, papaia, cogumelo, arroz integral.

Receitas indicadas: Muffin de mirtilo e aveia, p. 40; Homus de edamame, p. 58; Salada de manga e tofu com gengibre, p. 80; Hambúrguer de peru com batata-doce, p. 102

Falta de energia

Cranberry seco, pistache, mirtilo, laranja, espinafre, salmão, arenque, amêndoa, azeite, chá-verde, farinha de aveia, leguminosas, canela, gengibre, alho, cúrcuma, arroz integral, brócolis, semente de girassol, abacate.

Receitas indicadas: Lentilha com salmão desfiado, p. 72; Tagine de legumes com molho de romã, p. 94; Crumble de maçã e cranberry, p. 114

PLANO DE DIETA

Refeições	Segunda-feira	Terça-feira	Quarta-feira
Café da manhã	Barra matinal de cereal, p. 43	Müsli com iogurte e maçã, p. 36	Muffin de mirtilo e aveia, p. 40
Lanche da manhã	Tzatziki com torrada de centeio, p. 52	Homus de edamame, p. 58	Rolinho de salmão e aspargo, p. 50
Almoço	Sopa de batata--doce e repolho, p. 66	Salada de arroz selvagem e peru, p. 84	Sopa de feijão--branco e bacon, p. 68
Lanche da tarde	Abacate com molho de iogurte, p. 57	Ovo recheado, p. 60	Barra de aveia e manga, p. 64
Jantar	Salmão com purê de edamame e aipo, p. 90	Ensopado de cordeiro e feijão--manteiga, p. 106	Estrogonofe de cogumelo e purê de batata-doce, p. 98
Sobremesa	Torta de ricota, ameixa e amêndoa, p. 118	Manga brûlée, p. 108	Gratin de iogurte e framboesa, p. 121

SEMANA 1

Quinta-feira	Sexta-feira	Sábado	Domingo
Purê de damasco com iogurte e pistache, p. 39	Ovo mexido sobre cogumelo grelhado, p. 46	Fritada de bacon e cogumelo, p. 47	Omelete de salmão defumado com ervas, p. 48
Quadrado de chocolate e amêndoa, p. 63	Tzatziki com torrada de centeio, p. 52	Vitamina de damasco, manga e abacaxi, p.62	Guacamole com tortilha, p. 54
Salada de queijo de cabra, maçã e nozes, p. 76	Espeto de vieira ao limão com rúcula, p. 70	Salada de manga e tofu com gengibre, p. 80	Salada quente de espinafre, p. 79
Pipoca	Tapenade de azeitona com torrada de aveia, p. 53	Fondue de chocolate com frutas frescas e secas, p. 122	Um pedaço de queijo e um cacho de uvas
Tagine de legumes com molho de romã, p. 94	Curry tailandês de mexilhão com gengibre, p. 92	Tortilha de batata e cebola, p. 97	Quinoa com frango, limão e ervas, p. 104
Arroz-doce integral, p. 113	Petit gateau de chocolate com cereja, p. 124	Banana assada, p. 112	Crumble de maçã e cranberry, p. 114

Refeições	Segunda-feira	Terça-feira	Quarta-feira
Café da manhã	Compota de maçã, pera e cereja, p. 38	Mingau de quinoa com romã, p. 42	Ovo mexido sobre cogumelo grelhado, p. 46
Lanche da manhã	Patê de alho e feijão, p. 56	Rolinho de salmão e aspargo, p. 50	Tapenade de azeitona com torrada de aveia, p. 53
Almoço	Salada de melancia e queijo feta, p. 78	Wrap de cogumelo grelhado e alho, p. 69	Salada de peru, amendoim e manga, p. 83
Lanche da tarde	Ovo recheado, p. 60	Pipoca polvilhada com canela	Fondue de chocolate com frutas frescas e secas, p. 122
Jantar	Curry de peixe e manga com arroz integral, p. 88	Kebab de camarão com arroz selvagem, p. 91	Curry de grão-de--bico com gengibre, p. 96
Sobremesa	Sorvete de mirtilo e limão, p. 110	Fondue de chocolate com frutas frescas e secas, p. 122	Creme de mirtilo, p. 120

SEMANA 2

Quinta-feira	Sexta-feira	Sábado	Domingo
Muffin de mirtilo e aveia, p. 40	Müsli com iogurte e maçã, p. 36	Omelete de salmão defumado com ervas, p. 48	Ovo poché à moda turca com iogurte, p. 44
Vitamina de damasco, manga e abacaxi, p. 62	Abacate com molho de iogurte, p. 57	Homus de edamame com bolinho de arroz, p. 58	Guacamole com tortilha, p. 54
Lentilha com salmão desfiado, p. 72	Croque madame de peru, p. 86	Beterraba assada com salada de queijo feta, p. 74	Salada mediterrânea de arroz integral, p. 82
Quadrado de chocolate e amêndoa, p. 63	Banana	Patê de alho e feijão, p. 56	Barra de aveia e manga, p. 64
Risoto de frango e cevada, p. 105	Batata-doce assada com chilli de legume, p. 100	Curry tailandês de mexilhão com gengibre, p. 92	Hambúrguer de peru com batata-doce, p. 102
Parfait de cereja e canela, p. 116	Arroz-doce integral, p. 113	Torta de ricota, ameixa e amêndoa, p. 118	Petit gateau de chocolate com cereja, p. 124

RECEITAS
QUE
ACALMAM

MÜSLI COM IOGURTE E MAÇÃ

Esse müsli sacia a fome e equilibra os níveis de açúcar no sangue, proporcionando uma lenta liberação de energia por toda a manhã.

Preparo: 15 minutos, mais o tempo para demolhar
Cozimento: 10 minutos
4 porções

200 g de **flocos de aveia**
25 g de **gérmen de trigo**
25 g de **flocos de centeio**
25 g de **flocos de milhete**
50 g de **avelã** picada grosseiramente
50 g de **amêndoa** picada grosseiramente
50 g de **uva-passa branca**
50 g de **damasco seco** macio picado grosseiramente
50 g de **tâmara seca** macia picada grosseiramente
2 **maçãs** descascadas e raladas
400 ml de **suco de maçã**
2 colheres (chá) de **canela em pó**
250 ml de **iogurte grego**
2 colheres (chá) de **semente de linhaça dourada**
mel, para servir (opcional)

Misture os flocos de aveia, o gérmen de trigo, os flocos de centeio e de milhete, a avelã, a amêndoa e as frutas secas. Transfira para uma assadeira e asse em forno preaquecido a 160°C por 10 minutos. Deixe esfriar.

Acrescente a maçã, o suco de maçã e a canela e misture bem. Deixe de molho por 5-6 minutos.

Divida o müsli em quatro tigelas individuais, cubra com o iogurte e sirva. Espalhe a semente de linhaça e regue com um pouco de mel, se desejar.

COMPOTA DE MAÇÃ, PERA E CEREJA

Enriqueça o café da manhã com os antioxidantes e fibras dessa compota, ou sirva-a quente, como sobremesa.

Preparo: 20 minutos
Cozimento: 20-25 minutos
6 porções

4 **maçãs** vermelhas descascadas e cortadas em cubos
2 **maçãs verdes** descascadas e cortadas em cubos
4 **peras** descascadas e cortadas em cubos
3 colheres (sopa) de **açúcar mascavo**
2 colheres (sopa) de **água**
½ colher (chá) de **extrato de baunilha**
150 g de **cereja seca**
iogurte natural, para servir

Coloque a maçã, a pera e o açúcar em uma panela antiaderente com a água e leve ao fogo até levantar fervura. Abaixe o fogo, tampe a panela e deixe ferver por 15-20 minutos, até a maçã ficar macia e começar a se desmanchar.

Acrescente a baunilha, a cereja e um pouco de água, se for preciso. Tampe e deixe cozinhar por mais 5 minutos. Prove e acerte o açúcar, se necessário.

Bata no liquidificador ou processador até obter uma compota espessa. Sirva quente ou fria com o iogurte. Pode ser conservada na geladeira, em um recipiente hermético, por até 1 semana.

PURÊ DE DAMASCO COM IOGURTE E PISTACHE

Esse purê de frutas é rico em magnésio, um aliado no combate ao estresse. Sirva com iogurte natural para auxiliar a digestão.

Preparo: 5 minutos
Cozimento: 25-30 minutos
6 porções

400 g de **damasco seco**
325 ml de **suco de laranja**
raspas finas de ½ **laranja**

Para servir
100 ml de **iogurte natural**, por pessoa
25 g de **pistache cru** picado, por pessoa

Coloque o damasco, o suco e as raspas de laranja em uma panela antiaderente e leve ao fogo médio até levantar fervura. Abaixe o fogo e deixe ferver por 20-25 minutos, até o damasco ficar suculento.

Retire do fogo e deixe esfriar um pouco. Bata no liquidificador ou processador até obter um purê homogêneo. Sirva quente ou frio, com uma camada de iogurte e salpicado com pistache. Pode ser conservado na geladeira, em um recipiente hermético, por até 1 semana.

MUFFIN DE MIRTILO E AVEIA

Esse bolinho é ideal para o desjejum ou um lanche no meio da manhã. Você vai ter energia por um bom tempo.

Preparo: 15 minutos
Cozimento: 20-25 minutos
12 unidades

125 g de **farinha de trigo integral**
125 g de **flocos de aveia**
3 colheres (chá) de **fermento em pó**
uma pitada de **sal**
1 colher (chá) de **canela em pó**, mais um pouco para polvilhar
125 g de **açúcar mascavo**
raspas finas de ½ **limão-siciliano**
raspas finas de ½ **laranja**
1 **ovo** grande
100 ml de **iogurte natural**
100 ml de **leite integral**
50 g de **manteiga sem sal** em temperatura ambiente
200 g de **mirtilo** fresco ou congelado

Coloque a farinha, a aveia, o fermento, o sal, a canela, o açúcar, as raspas de limão e de laranja em uma tigela grande e misture bem. Bata o ovo com o iogurte, o leite e a manteiga em outra tigela e despeje sobre os ingredientes secos, mexendo só até misturar.

Acrescente delicadamente o mirtilo à massa do muffin e, com uma colher, distribua em uma fôrma para doze muffins forrada com forminhas de papel. Polvilhe os bolinhos com um pouco de canela.

Asse em forno preaquecido a 200°C por 20-25 minutos, até dourar e crescer. Tire da assadeira e deixe esfriar sobre uma grelha. Os muffins podem ser armazenados em um recipiente hermético e conservados por até 4 dias.

MINGAU DE QUINOA COM ROMÃ

A quinoa é rica em aminoácidos essenciais e outros nutrientes, por isso é bom tê-la com frequência no café da manhã. Ela vai levantar seu ânimo logo cedo.

Preparo: 10 minutos
Cozimento: 25 minutos
4 porções

300 g de **quinoa**
600 ml de **leite desnatado**, mais um pouco para servir
4 colheres (sopa) de **suco de romã** sem açúcar
1 colher (chá) de **mel**
sementes de 1 **romã**

Coloque a quinoa e o leite em uma panela grande antiaderente e leve ao fogo médio até levantar fervura. Abaixe o fogo e deixe cozinhar por 20 minutos, até o leite ser absorvido e a quinoa crescer. Mexa com frequência e acrescente um pouco de leite ou de água, se for necessário.

Misture o suco de romã com o mel e junte as sementes de romã.

Divida o mingau em quatro tigelas individuais, cubra com a calda de romã e sirva com um pouco de leite.

BARRA MATINAL DE CEREAL

Essa barrinha nutritiva é perfeita para um café da manhã rápido ou para um lanchinho durante o dia.

Preparo: 10 minutos, mais o tempo para esfriar
Cozimento: 35 minutos
16 unidades

100 g de **manteiga** em temperatura ambiente
25 g de **açúcar mascavo**
2 colheres (sopa) de **melado**
125 g de **flocos de milhete**
50 g de **quinoa**
50 g de **cereja seca**
75 g de **uva-passa branca**
25 g de **semente de girassol**
25 g de **semente de gergelim**
25 g de **linhaça**
40 g de **coco seco** sem açúcar
2 **ovos** levemente batidos

Bata a manteiga, o açúcar e o melado com uma colher de pau até obter um creme claro. Acrescente todos os ingredientes restantes e bata até misturar bem.

Transfira para uma assadeira de 28 cm x 20 cm untada e alise a superfície com as costas de uma colher. Asse em forno preaquecido a 180°C por 35 minutos, até dourar bem. Deixe esfriar na assadeira.

Vire sobre uma tábua de madeira e corte em dezesseis retângulos usando uma faca de serra. As barrinhas podem ser conservadas em um recipiente hermético por até 1 semana.

OVO POCHÉ À MODA TURCA COM IOGURTE

Leve e aromático, esse prato pode ser servido no café da manhã ou com salada para um almoço ligeiro.

Preparo: 10 minutos
Cozimento: 10 minutos
4 porções

4 **ovos** grandes
3 colheres (sopa) de **vinagre**
250 ml de **iogurte natural**
1 **dente de alho** amassado
2 colheres (chá) de **páprica**
1 colher (sopa) de **manteiga** em temperatura ambiente
1 colher (sopa) de **hortelã** bem picada
sal e **pimenta-do-reino** moída na hora

Leve uma panela com água ao fogo alto até levantar fervura. Acrescente o vinagre e abaixe o fogo. Quebre os ovos, um por um, na água e cozinhe por 3-4 minutos, até as claras ficarem firmes, mas as gemas ainda moles.

Misture o iogurte com o alho e tempere a gosto. Divida o iogurte em quatro pratos individuais e espalhe, formando um círculo.

Bata a páprica com a manteiga em uma tigela pequena. Retire os ovos da panela com uma escumadeira e coloque-os nos pratos sobre o iogurte. Cubra com a manteiga de páprica e salpique com a hortelã. Sirva imediatamente.

OVO MEXIDO SOBRE COGUMELO GRELHADO

Para começar o dia, uma receita que estimula o bom humor e proporciona saciedade.

Preparo: 15 minutos
Cozimento: 10 minutos
4 porções

4 **cogumelos-de-paris** sem o talo
1 colher (chá) de **azeite**
½ colher (chá) de **tomilho seco**
6 **ovos** batidos
2 colheres (sopa) de **iogurte natural**
1 colher (chá) de **cebolinha-francesa** picada
1 colher (chá) de **endro** picado
sal e **pimenta-do-reino** moída na hora

Regue o cogumelo com o azeite, salpique com o tomilho e tempere a gosto. Grelhe em uma frigideira antiaderente em fogo alto por 8 minutos, virando uma vez, até ficarem macios.

Bata os ovos com o iogurte, a cebolinha e o endro; tempere a gosto. Aqueça uma panela antiaderente em fogo médio e acrescente os ovos batidos. Mexa constantemente, até os ovos ficarem macios, cremosos e começando a firmar.

Transfira o cogumelo para os pratos e coloque os ovos mexidos por cima. Tempere com pimenta-do-reino e sirva imediatamente.

FRITADA DE BACON E COGUMELO

Ótima para um típico breakfast inglês, com uma boa dose de vitaminas do complexo B, que auxiliam o sistema nervoso.

Preparo: 10 minutos, mais o tempo para esfriar
Cozimento: 25-30 minutos
4 porções

8 **cogumelos-de-paris** grandes
1 **dente de alho** bem picado (opcional)
azeite em spray
4 fatias magras de **bacon defumado**
6 **ovos** grandes
1 colher (sopa) de **cebolinha-francesa** picada, mais um pouco para decorar
1 colher (sopa) de **mostarda extraforte**
1 noz de **manteiga**
4 fatias grandes de **pão integral** torradas
sal e **pimenta-do-reino** moída na hora

Coloque o cogumelo em uma assadeira forrada com papel-alumínio e espalhe o alho por cima, se desejar. Borrife com um pouco de azeite, tempere a gosto e asse em forno preaquecido a 180°C por 18-20 minutos, até ficarem macios. Deixe esfriar o suficiente para manusear.

Disponha as fatias de bacon em uma panela e leve ao fogo por 5-6 minutos, virando uma vez, até ficarem levemente crocantes. Deixe esfriar o suficiente para manusear e corte em tiras grossas.

Bata os ovos com a cebolinha e a mostarda; tempere a gosto. Aqueça uma frigideira grande refratária e antiaderente em fogo médio, acrescente a manteiga e derreta até começar a borbulhar.

Despeje os ovos batidos e frite por 1-2 minutos. Acrescente o bacon e os cogumelos inteiros, com os talos para cima. Frite por mais 2-3 minutos, até ficarem quase firmes. Leve a frigideira ao forno e asse por mais 2-3 minutos, até a fritada ficar firme. Corte em triângulos e sirva sobre as torradas, decoradas com cebolinha.

OMELETE DE SALMÃO DEFUMADO COM ERVAS

Essa omelete é uma injeção de ânimo logo cedo, e os ômegas do salmão são ótimos para o coração e o cérebro.

Preparo: 10 minutos
Cozimento: 15 minutos
4 porções

8 **ovos** grandes
2 **cebolinhas** cortadas em fatias finas
2 colheres (sopa) de **cebolinha-francesa** picada
2 colheres (sopa) de **cerefólio**
50 g de **manteiga**
125 g de **salmão defumado** cortado em fatias finas
pimenta-do-reino moída na hora
salada de folhas pequenas, para servir

Bata os ovos com a cebolinha e as ervas e tempere com pimenta-do-reino.

Aqueça uma frigideira em fogo médio-baixo e derreta um quarto da manteiga, até começar a borbulhar. Despeje um quarto dos ovos batidos e incline a frigideira para cobrir toda a base. Mexa delicadamente por 2-3 minutos, até os ovos ficarem quase firmes.

Espalhe um quarto do salmão defumado sobre os ovos e mantenha no fogo por mais 30 segundos, ou até ficar firme. Dobre a omelete ao meio e transfira para um prato previamente aquecido.

Repita com os ingredientes restantes para preparar mais três omeletes e sirva imediatamente, com salada de folhas pequenas.

ROLINHO DE SALMÃO E ASPARGO

Prepare esse lanchinho saboroso com antecedência, para uma dose extra de energia.

Preparo: 10 minutos
Cozimento: 5 minutos
4 porções

4 **aspargos** grandes ou 8 médios
2 colheres (chá) de **cream cheese light**
1 colher (chá) de **endro** picado
raspas finas de ½ **limão-siciliano**
4 fatias de **salmão defumado**
pimenta-do-reino moída na hora

Apare o aspargo e cozinhe em água fervente com um pouco de sal por 4 minutos, até ficar macio. Escorra e transfira para uma tigela com água fria, para esfriar.

Misture o cream cheese, o endro, as raspas de limão e a pimenta-do-reino e espalhe sobre as fatias de salmão defumado. Quando o aspargo estiver frio, enrole firmemente um broto grande ou dois médios em cada fatia de salmão defumado. Salpique com um pouco de pimenta-do--reino e sirva.

TZATZIKI COM TORRADA DE CENTEIO

O tzatziki é um patê grego nutritivo e com baixo teor de gordura, que pode ser servido com legumes crus ou, como aqui, com torrada crocante.

Preparo: 15 minutos, mais o tempo para descansar
Cozimento: 5 minutos
4 porções

3 **dentes de alho** amassados
75 g de **endro** bem picado
75 g de **hortelã** bem picada
75 g de **coentro fresco** bem picado
½ **pepino** sem sementes bem picado
1 **pimenta vermelha** pequena sem sementes bem picada
600 ml de **coalhada**
sal e **pimenta-do-reino** moída na hora
torrada de pão de centeio, para servir

Bata todos os ingredientes no liquidificador ou processador até obter uma pasta homogênea. Tempere a gosto e deixe descansar por pelo menos 1 hora antes de servir.

Corte as fatias de pão de centeio em quadrados e toste, até dourar e ficar crocante. Sirva com o tzatziki. O patê pode ser conservado na geladeira, em recipiente hermético, por até 4 dias. Misture bem antes de servir.

TAPENADE DE AZEITONA COM TORRADA DE AVEIA

A azeitona preta evita o acúmulo de colesterol nas artérias e o aliche contém ômega-3, que faz bem para o cérebro.

Preparo: 5 minutos
4 porções

3 colheres (chá) de **alcaparra** enxaguada e escorrida
4 **filés de aliche**
1 **dente de alho** amassado
raspas finas e suco de 1 **limão-siciliano**
250 g de **azeitona preta** sem caroço
2 colheres (chá) de **salsa** picada
3-4 colheres (chá) de **azeite**
sal e **pimenta-do-reino** moída na hora
torradas de pão de aveia, para servir

Bata a alcaparra, o aliche, o alho, as raspas e o suco de limão no liquidificador ou processador por cerca de 10 segundos, até obter um purê grosseiro.

Acrescente a azeitona, a salsa e azeite suficiente para fazer uma pasta. Bata novamente e tempere a gosto. Sirva com as torradas de pão de aveia.

GUACAMOLE COM TORTILHA

Esse é um snack ou acompanhamento para uma refeição ao típico estilo mexicano. O abacate sacia a fome e é extremamente nutritivo.

Preparo: 10 minutos
Cozimento: 15 minutos
4 porções

4 **tortilhas de farinha de trigo integral**
1 colher (chá) de **azeite**
1 colher (chá) de **páprica**
3 **abacates** grandes maduros
3 **cebolas** bem picadas
1 **tomate** grande maduro bem picado
75 g de **coentro fresco** bem picado
raspas finas e suco de 1 **limão**
2 **dentes de alho** amassados

Pincele as tortilhas de ambos os lados com azeite e corte em triângulos. Acomode em uma assadeira, polvilhe com a páprica e asse em forno preaquecido a 200°C por 10 minutos, até ficarem crocantes.

Amasse o abacate com a cebola, o tomate, o coentro, as raspas e o suco de limão e o alho, até ficar cremoso. Sirva com as tortilhas.

As sobras podem ser conservadas por até 2 dias na geladeira, em um recipiente hermético, com o caroço do abacate, que evita que o guacamole escureça.

PATÊ DE ALHO E FEIJÃO

Esse patê delicioso reúne alho, que fortalece o sistema imunológico e purifica o sangue, um pesto nutritivo e feijão, que é fonte de energia.

Preparo: 10 minutos
4 porções

250 g de **feijão-manteiga** cozido e escorrido
125 g de **cream cheese**
2 **dentes de alho** picados
3 colheres (chá) de **pesto** pronto
2 **cebolinhas** picadas
1 colher (chá) de **azeite**
sal e **pimenta-do-reino** moída na hora

Para servir
tiras de **pepino**
4 **pães sírios integrais**

Bata o feijão, o cream cheese, o alho e 2 colheres (chá) do pesto no liquidificador ou processador, até obter uma pasta homogênea. Acrescente a cebolinha, tempere a gosto e bata por mais 10 segundos. Transfira para uma tigela.

Misture o pesto restante com o azeite e coloque sobre o patê. Sirva com tiras de pepino e de pão sírio integral torradas.

As sobras do patê podem ser conservadas na geladeira, em recipiente hermético, por até 4 dias.

ABACATE COM MOLHO DE IOGURTE

O abacate é rico em gorduras benéficas. Aqui ele é servido com molho de iogurte, numa receita ideal para um lanche rápido ou acompanhamento.

Preparo: 15 minutos
4 porções

2 **abacates** maduros cortados em fatias
1 colher (chá) de suco de **limão-siciliano**

Para o molho
125 ml de **iogurte natural desnatado**
4 colheres (chá) de **coentro fresco** picado
1 colher (chá) de **hortelã** picada
½ **cebola roxa** pequena bem picada
1 **dente de alho** bem picado
1 colher (chá) de suco de **limão-siciliano**
raspas finas de ½ **limão-siciliano**

Tempere as fatias de abacate com o suco de limão e disponha nos pratos em que irá servir. Coloque todos os ingredientes do molho no liquidificador ou processador e bata até ficar homogêneo. Despeje sobre o abacate e sirva imediatamente.

Se houver sobras do molho, conserve na geladeira, em recipiente hermético, por até 2 dias.

HOMUS DE EDAMAME

O edamame (grão de soja verde) equilibra hormônios e é uma ótima fonte de proteína. Sirva esse homus com torradas integrais ou legumes crus.

Preparo: 10 minutos
Cozimento: 4 minutos
4 porções

250 g de **edamame** congelado
50 g de **tahine**
½ colher (chá) de raspas finas de **limão-siciliano**
4 colheres (chá) de suco de **limão-siciliano**
1 **dente de alho** amassado
1 **cebolinha** bem picada
¾ de colher (chá) de **sal**
½ colher (chá) de **cominho em pó**
½ colher (chá) de **coentro em pó**
uma pitada de **canela em pó**
3 colheres (chá) de **azeite**
2 colheres (chá) de **coentro fresco** picado

Cozinhe o edamame em uma panela com água fervente e um pouco de sal por 3-4 minutos, até ficar *al dente*. Escorra e bata no liquidificador ou processador com o tahine, as raspas e o suco de limão, o alho, a cebolinha, o sal e os temperos.

Sem parar de bater, despeje lentamente o azeite, até o homus ficar homogêneo. Transfira para uma tigela de servir e salpique com o coentro.

O homus pode ser conservado na geladeira, em recipiente hermético, por até 4 dias

OVO RECHEADO

Com um sabor delicioso, que vai agradar a toda a família, esse ovo com ervas é rico em nutrientes que acalmam.

Preparo: 15 minutos
4 porções

4 **ovos** cozidos
2 colheres (chá) de **iogurte natural**
1 colher (chá) de **cebolinha-francesa** bem picada
1 colher (chá) de **endro** bem picado
½ colher (chá) de **estragão** bem picado
1 colher (chá) de raspas finas de **limão-siciliano**
sal e **pimenta-do-reino** moída na hora

Corte os ovos ao meio no sentido do comprimento e retire as gemas. Coloque as gemas em uma tigela pequena com todos os outros ingredientes, tempere a gosto e amasse para misturar.

Disponha as claras em um prato com a cavidade da gema para cima e recheie com o creme. Sirva imediatamente.

VITAMINA DE DAMASCO, MANGA E ABACAXI

Uma vitamina energética com damasco e manga, que fortalecem o sistema imunológico, enquanto o abacaxi facilita a digestão.

Preparo: 10 minutos, mais o tempo para demolhar e congelar
4 porções

3 **mangas** maduras cortadas em pedaços grandes
75 g de **damasco seco** macio
600 ml de **suco de abacaxi**
1 **abacaxi** sem o miolo picado
raspas finas e suco de 2 **limões**

Coloque a manga em um recipiente e leve ao freezer. Regue o damasco com o suco de abacaxi e refrigere. Reserve as frutas por uma noite.

Na manhã seguinte, coloque todos os ingredientes no liquidificador ou processador e bata até ficar homogêneo. Sirva imediatamente.

QUADRADO DE CHOCOLATE E AMÊNDOA

Esse petisco leva sementes e grãos excelentes para combater o estresse, e são apenas 200 calorias por unidade.

Preparo: 10 minutos, mais o tempo para esfriar e gelar
Cozimento: 20 minutos
15-20 unidades

raspas finas de 1 **limão-siciliano**
75 g de **tâmara seca** macia picada
100 g de **amêndoa** picada
125 g de **açúcar mascavo**
150 g de **flocos de milhete**
40 g de **flocos de milho** semitriturados
65 g de **flocos de cereais** integrais
400 g de **leite condensado**
50 g de **chocolate** derretido, mais um pouco para cobrir (opcional)
25 g de **sementes variadas**, como abóbora, gergelim e girassol

Misture todos os ingredientes em uma tigela. Transfira para uma assadeira antiaderente de 28 cm x 18 cm e asse em forno preaquecido a 180°C por 20 minutos.

Retire do forno e deixe esfriar. Cubra com o chocolate derretido, se desejar. Risque a superfície com uma faca de modo a formar 15-20 quadrados. Refrigere até firmar. Separe os quadrados e armazene em recipiente hermético em local fresco por até 1 semana.

BARRA DE AVEIA E MANGA

Esse é um lanche perfeito: garante a liberação de energia de forma lenta e ajuda a controlar o estresse e seus sintomas.

Preparo: 10 minutos, mais o tempo para esfriar
Cozimento: 30 minutos
12 unidades

100 g de **açúcar mascavo**
150 g de **manteiga**
2 colheres (chá) de **melado**
200 g de **flocos de aveia**
4 colheres (chá) de **sementes variadas**, como abóbora e girassol
75 g de **manga seca** picada grosseiramente

Aqueça o açúcar, a manteiga e o melado em uma panela grande de fundo grosso em fogo baixo até derreter. Retire do fogo e junte os demais ingredientes.

Transfira para uma assadeira antiaderente de 28 cm x 18 cm, pressione levemente e asse em forno preaquecido a 150°C por 30 minutos, até dourar nas bordas.

Divida a massa em doze quadrados com uma faca pequena e mantenha na assadeira até esfriar completamente. Separe os pedaços e retire da assadeira. Conserve em recipiente hermético por até 1 semana.

SOPA DE BATATA-DOCE E REPOLHO

Rica em fibras e antioxidantes, que protegem contra os efeitos do estresse, essa sopa é também muito energética e saborosa.

Preparo: 20 minutos
Cozimento: 25 minutos
4 porções

2 **cebolas** picadas
2 **dentes de alho** fatiados
4 fatias de **bacon** picadas
500 g de **batata-doce** descascada e picada
2 **mandioquinhas** picadas
1 colher (chá) de **tomilho fresco** picado
900 ml de **caldo de legumes**
1 **repolho crespo** rasgado
sal e **pimenta-do-reino** moída na hora
pão italiano, para servir

Refogue a cebola, o alho e o bacon por 2-3 minutos em fogo médio. Junte a batata-doce, a mandioquinha, o tomilho e o caldo de legumes. Quando levantar fervura, abaixe o fogo e deixe cozinhar por 15 minutos, até os legumes ficarem macios.

Retire do fogo e deixe esfriar um pouco. Transfira dois terços da sopa para o liquidificador ou processador e bata até ficar homogêneo. Coloque a sopa de volta na panela, adicione o repolho e cozinhe por 5-7 minutos, até ele ficar *al dente*. Tempere a sopa a gosto e sirva em tigelas preaquecidas, com pão italiano.

SOPA DE FEIJÃO-BRANCO E BACON

Uma sopa ideal para o inverno, de sabor marcante e com leguminosas de índice glicêmico baixo, para manter os níveis de energia estabilizados.

Preparo: 15 minutos
Cozimento: 20 minutos
4 porções

1 colher (chá) de **azeite**
2 fatias de **bacon defumado** picadas
2 **dentes de alho** amassados
1 talo de **aipo** bem picado
1 **cenoura** bem picada
1 **cebola** picada
2 colheres (chá) de **tomilho seco**
raspas finas e suco de 1 **limão-siciliano**
500 g de **feijão-branco** cozido e escorrido
900 ml de **caldo de legumes**
2 colheres (sopa) de **salsa** picada
sal e **pimenta-do-reino** moída na hora
pão italiano, para servir

Aqueça o azeite em uma panela grande e refogue o bacon, o alho, o aipo, a cenoura e a cebola em fogo médio por 3-4 minutos, até o bacon começar a dourar e a cebola ficar macia.

Acrescente o tomilho, o suco e as raspas de limão e continue refogando por 1 minuto. Adicione o feijão e o caldo de legumes. Quando levantar fervura, abaixe o fogo e deixe cozinhar por 10 minutos.

Retire do fogo e espere esfriar um pouco. Transfira a sopa para o liquidificador ou processador e bata com a salsa, até ficar homogênea. Coloque de volta na panela, tempere a gosto e aqueça. Sirva em tigelas preaquecidas, com pão italiano.

WRAP DE COGUMELO GRELHADO E ALHO

O cogumelo é um ingrediente com poder calmante, que estimula uma boa noite de sono e reduz os efeitos do estresse.

Preparo: 20 minutos
Cozimento: 15 minutos
4 porções

500 g de **cogumelo-de-paris** grande cortado em fatias grossas
2 **dentes de alho** bem picados
3 **cebolinhas** cortadas em fatias finas
2 colheres (sopa) de **azeite**
100 g de **cream cheese**
4 **tortilhas** grandes de farinha de trigo integral
4 colheres (sopa) de **cebolinha-francesa** picada
12 **tomates-cereja** cortados em quatro
2 **alfaces-romanas** cortadas em tiras
sal e **pimenta-do-reino** moída na hora

Misture o cogumelo com o alho, a cebolinha e o azeite em uma assadeira refratária. Tempere a gosto e grelhe em forno médio preaquecido ou leve ao fogo em uma panela antiaderente, por 6-8 minutos, virando com frequência, até os cogumelos ficarem macios.

Passe o cream cheese nas tortilhas e salpique com a cebolinha-francesa. Divida o cogumelo entre as tortilhas, espalhe os tomates-cereja e cubra com um punhado de alface. Enrole as tortilhas para formar quatro wraps.

Aqueça uma frigideira canelada em fogo médio-alto. Toste os wraps por 4-5 minutos, virando de vez em quando para dourar dos dois lados. Se necessário, faça isso em duas etapas. Corte os wraps ao meio e sirva imediatamente com a alface restante.

ESPETO DE VIEIRA AO LIMÃO COM RÚCULA

Delicie-se com esse almoço simples e ao mesmo tempo sofisticado, que melhora a sua imunidade.

Preparo: 10 minutos
Cozimento: 5 minutos
4 porções

400 g de **vieira** sem as ovas
raspas finas e suco de 1 **limão-siciliano**
3 colheres (chá) de **azeite de manjericão**
75 g de **avelã**
200 g de **rúcula**
sal e **pimenta-do-reino** moída na hora

Coloque as vieiras em uma tigela com as raspas de limão e 2 colheres (chá) do azeite de manjericão. Tempere a gosto. Misture bem e espete as vieiras em quatro espetinhos de metal.

Leve os espetos ao grill preaquecido por 2-3 minutos, até as vieiras ficarem firmes e opacas.

Aqueça uma frigideira pequena em fogo médio e salteie a avelã, até dourar. Transfira para um pratinho e esmague levemente.

Misture as folhas de rúcula com o restante do azeite de manjericão e o suco de limão e tempere a gosto. Monte quatro pratos, colocando os espetos sobre a salada. Espalhe a avelã e sirva imediatamente.

LENTILHA COM SALMÃO DESFIADO

Essa poderosa combinação de lentilha e salmão combate o estresse e promove o relaxamento e o bem-estar geral, além de ser deliciosa.

Preparo: 30 minutos
Cozimento: 25 minutos
4 porções

500 g de **filé de salmão**
2 colheres (sopa) de **vinho branco seco**
125 g de **lentilha** lavada
2 **pimentões vermelhos** sem pele, sem sementes e cortados em cubos
um punhado grande de **endro** picado
raspas finas e suco de 1 **limão-siciliano**
um punhado de **cebolinha** cortada em rodelas finas
sal e **pimenta-do-reino** moída na hora

Para o molho
2 **dentes de alho**
um punhado grande de **salsa** picada
um punhado grande de **endro** picado
1 colher (chá) de **mostarda de Dijon**
2 **pimentas verdes** sem sementes picadas
suco de 2 **limões-sicilianos** grandes
1 colher (sopa) de **azeite**

Acomode o salmão sobre um retângulo grande de papel-alumínio e regue com o vinho. Junte as pontas do papel-alumínio e dobre a parte de cima, formando um pacote. Asse em forno preaquecido a 200°C por 15-20 minutos, até o peixe ficar cozido.

Coloque a lentilha em uma panela grande com bastante água e aqueça em fogo alto até levantar fervura. Abaixe o fogo e deixe ferver por 15-20 minutos, até a lentilha ficar cozida, mas sem desmanchar.

Asse os pimentões no forno preaquecido em temperatura alta, com a pele para cima, até chamuscar. Transfira para um saco plástico e abafe por alguns minutos. Retire, remova a pele e corte em cubos de 2,5 cm.

Bata todos os ingredientes do molho, exceto o azeite, no liquidificador ou processador, até ficar homogêneo. Sem parar de bater, despeje o azeite até a mistura engrossar. Tempere a gosto.

Escorra a lentilha e transfira para uma tigela, juntando o pimentão, o endro, as raspas de limão e quase toda a cebolinha. Tempere a gosto e mexa bem. Desfie o salmão e misture delicadamente. Regue a gosto com o suco de limão e salpique com o restante da cebolinha. Sirva quente ou fria.

SALADA DE CONCHIGLIE E SALMÃO DEFUMADO

O salmão é rico em ômega-3 e ômega-6, que contribuem para a saúde do coração e do sistema nervoso.

Preparo: 15 minutos
Cozimento: 10-15 minutos
4 porções

300 g de **conchiglie integral**
200 g de **vagem**
4 **filés de salmão defumado** em crosta de pimenta-do-reino
125 g de **folhas de salada mistas de sabor picante**
½ **pepino** sem sementes picado
2 **cebolinhas** cortadas em fatias finas
2 **ovos** cozidos cortados em quatro

Para o molho
100 ml de **creme azedo***
1 colher (sopa) de **mostarda extraforte**
1 colher (chá) de **mostarda de Dijon**
2 colheres (sopa) de **suco de limão-siciliano**
1 colher (chá) de **endro** picado
1 colher (chá) de **estragão** picado
sal e **pimenta-do-reino** moída na hora

* **Creme azedo:** creme de leite com gotas de limão.

Cozinhe o conchiglie em uma panela grande com água fervente e sal por 11 minutos, até ficar *al dente*. Escorra e resfrie em água corrente. Transfira para uma tigela grande e reserve.

Coloque a vagem para cozinhar em uma panela com água fervente e um pouco de sal por 4-5 minutos, até ficar macia. Escorra e resfrie em água corrente. Transfira para a tigela com o macarrão.

Junte todos os ingredientes do molho em um vidro com tampa de rosca, tempere a gosto e agite até misturar bem.

Desfie o salmão em lascas grandes e adicione à massa, juntando as folhas da salada, o pepino e a cebolinha. Tempere com um pouco do molho e distribua entre quatro tigelas individuais. Finalize com os ovos cozidos e sirva com o restante do molho à parte.

BETERRABA ASSADA COM SALADA DE QUEIJO FETA

A beterraba é uma poderosa fonte de nutrientes e essa salada saborosa estimula o bom humor e sacia a fome por horas.

Preparo: 20 minutos
Cozimento: 25 minutos
4 porções

8 **beterrabas** grandes cortadas em pedaços
2 colheres (sopa) de **azeite**
50 g de **amêndoa**
100 g de **rúcula**
150 g de **queijo feta**
2 colheres (sopa) de **vinagre balsâmico**
4-5 folhas de **hortelã** picadas
sal e **pimenta-do-reino** moída na hora

Coloque a beterraba em uma assadeira antiaderente e regue com o azeite. Tempere a gosto e misture com as mãos, até ficar bem coberta com o azeite.

Asse em forno preaquecido a 200°C por cerca de 25 minutos, virando uma ou duas vezes, até a beterraba ficar macia. Cerca de 5 minutos antes de tirar do forno, acrescente a amêndoa.

Distribua a rúcula em quatro pratos, cubra com a beterraba assada e espalhe o queijo feta amassado por cima. Regue com o vinagre balsâmico e o azeite da assadeira.

Finalize a salada com a hortelã e sirva, quente ou fria. Conserve em um recipiente hermético na geladeira por até 2 dias.

SALADA DE QUEIJO DE CABRA, MAÇÃ E NOZES

Essa salada substanciosa é rica em proteínas e antioxidantes, que ajudam a prevenir os danos causados pelo estresse.

Preparo: 15 minutos
Cozimento: 5 minutos
4 porções

100 g de **queijo de cabra** cortado em rodelas de 1 cm
2 colheres (chá) de **azeite**
200 g de **folhas de salada mistas**
16 **damascos secos** macios cortados em fatias
100 g de **nozes** levemente tostadas
um punhado de **uva** cortada ao meio
2 **maçãs verdes** descascadas e cortadas em fatias
sal e **pimenta-do-reino** moída na hora
pãezinhos integrais, para servir

Para o molho
2 colheres (sopa) de **azeite**
2 colheres (sopa) de **suco de limão-siciliano**
½ colher (chá) de **sal**
½ colher (chá) de **pimenta-do-reino**
1 colher (chá) de **mel**
1 colher (chá) de **mostarda extraforte**

Acomode as rodelas de queijo em uma assadeira antiaderente e pincele com um pouco de azeite. Tempere a gosto e grelhe em temperatura média, até começar a derreter. Junte todos os ingredientes do molho em um vidro com tampa de rosca e agite até misturar bem.

Distribua as folhas da salada em quatro pratos individuais e espalhe o damasco, as nozes, a uva e a maçã. Complete com uma fatia de queijo quente e regue com o molho. Sirva imediatamente com pãezinhos integrais.

SALADA DE MELANCIA E QUEIJO FETA

A melancia é hidratante e fonte natural de eletrólitos, que dão energia e aliviam dores de cabeça e tensão muscular.

Preparo: 10 minutos
Cozimento: 2 minutos
4 porções

1 colher (sopa) de **sementes de gergelim preto**
500 g de **melancia** cortada em cubos
175 g de **queijo feta** cortado em cubos
300 g de **rúcula**
um punhado grande de ramos de **hortelã**, **salsa** e **coentro**
6 colheres (sopa) de **azeite**
1 colher (sopa) de **água de flor de laranjeira**
1½ colher (sopa) de **suco de limão-siciliano**
½ colher (chá) de **açúcar**
1 colher (chá) de **xarope de romã** (opcional)
sal e **pimenta-do-reino** moída na hora

Torre a semente de gergelim em uma frigideira quente por 2 minutos, até ficar aromático. Reserve. Monte a salada em um prato grande, distribuindo os cubos de melancia e de queijo, a rúcula e as ervas.

Bata o azeite com a água de flor de laranjeira, o suco de limão, o açúcar e, se desejar, o xarope de romã. Tempere a gosto e regue a salada. Salpique com a semente de gergelim e sirva.

SALADA QUENTE DE ESPINAFRE

Rica em superalimentos que combatem o estresse, essa salada é ideal para o almoço ou como entrada ou acompanhamento no jantar.

Preparo: 15 minutos
Cozimento: 10 minutos
4 porções

1 colher (chá) de **azeite**
4 fatias de **bacon de peru**
1 **dente de alho** amassado
1 **echalota** bem picada
3 colheres (sopa) de **vinagre de xerez**
1 kg de **espinafre** lavado e bem escorrido
4 **ovos** cozidos cortados em fatias
8 **cogumelos** grandes cortados em fatias finas
1 **abacate** cortado em cubos
sal e **pimenta-do-reino** moída na hora

Aqueça o azeite em uma frigideira antiaderente grande e frite o bacon até ficar crocante. Retire com uma escumadeira e escorra sobre papel-toalha. Acrescente o alho e a echalota e refogue por 3-4 minutos.

Adicione o vinagre e tempere a gosto. Apague o fogo e junte o espinafre. Misture delicadamente até as folhas começarem a murchar. Divida o espinafre entre quatro pratos e complete com o ovo, o cogumelo, o bacon e o abacate. Sirva imediatamente.

SALADA DE MANGA E TOFU COM GENGIBRE

A soja, além de rica em proteína, equilibra os hormônios, e a manga é excelente no combate ao cansaço e desânimo.

Preparo: 15 minutos, mais o tempo para marinar
Cozimento: 5 minutos
4 porções

250 g de **tofu**
50 g de **gengibre** ralado
4 colheres (sopa) de **molho de soja**
2 **dentes de alho** amassados
2 colheres (sopa) de **vinagre de arroz**
4 colheres (sopa) de **óleo de amendoim**
2 maços de **cebolinha** cortada na diagonal
100 g de **castanha-de-caju**
2 **mangas** pequenas cortadas em fatias
1 **alface-americana** cortada em tiras
4 colheres (sopa) de **água**

Seque o tofu com papel-toalha e corte em cubos de 1 cm. Misture o gengibre, o molho de soja, o alho e o vinagre em uma tigela, acrescente o tofu e mexa bem. Deixe marinar por 15 minutos.

Retire o tofu e reserve o molho. Aqueça o óleo em uma frigideira em fogo médio e refogue o tofu por cerca de 3 minutos, mexendo delicadamente, até dourar. Retire da frigideira e mantenha aquecido.

Acrescente a cebolinha e a castanha-de--caju e refogue por 30 segundos. Junte as fatias de manga e refogue por mais 30 segundos, até aquecer.

Monte a salada nos pratos, começando com uma camada de alface, depois o tofu, a cebolinha, a manga e a castanha-de-caju. Aqueça o molho com a água, regue a salada e sirva imediatamente.

SALADA MEDITERRÂNEA DE ARROZ INTEGRAL

Essa salada colorida é rica em antioxidantes. Acrescente queijo feta amassado ou pinhole para servir, se desejar.

Preparo: 25 minutos
Cozimento: 30-40 minutos
4 porções

2 **pimentões vermelhos** sem sementes picados
2 **pimentões amarelos** sem sementes picados
2 **abobrinhas** grandes cortadas em cubos
4 **beterrabas** pequenas cortadas em cubos
1 **berinjela** grande cortada em cubos
1 **cebola** grande picada grosseiramente
3 colheres (sopa) de **azeite**
2 colheres (chá) de **orégano seco**
750 g de **arroz integral** cozido
sal e **pimenta-do-reino** moída na hora
5 folhas de **manjericão** rasgadas, para decorar

Para o molho
1 colher (sopa) de **azeite**
1 colher (chá) de **mel**
1 colher (chá) de **mostarda em pó**
½ colher (chá) de **sal**
½ colher (chá) de **pimenta-do-reino** moída na hora
1 colher (chá) de **orégano seco**
2 colheres (sopa) de **vinagre balsâmico**

Distribua os vegetais em duas assadeiras antiaderentes e regue com o azeite. Tempere, adicione o orégano e misture com as mãos.

Asse em forno preaquecido a 200°C por 30-40 minutos, mexendo uma ou duas vezes, até os vegetais ficarem macios e começarem a dourar.

Transfira para uma tigela e reserve. Junte todos os ingredientes do molho em um vidro com tampa de rosca, tempere, acrescente o azeite das assadeiras e agite até misturar bem.

Coloque o arroz cozido e o molho na tigela com os vegetais e misture bem. Sirva a salada quente ou fria, decorada com o manjericão. Conserve na geladeira, em recipiente hermético, por até 5 dias.

SALADA DE PERU, AMENDOIM E MANGA

A proteína do peru, os antioxidantes da manga e as gorduras saudáveis do amendoim se combinam aqui para uma salada aromática e nutritiva.

Preparo: 15 minutos
4 porções

400 g de **folhas de salada verdes mistas**
500 g de **peru** cozido (peito, coxa e sobrecoxa)
200 g de **tomate-cereja** cortado ao meio
1 **manga** cortada em cubos
100 g de **amendoim** torrado
75 g de **coentro fresco** picado

Para o molho
3 colheres (sopa) de **azeite**
2 colheres (sopa) de **suco de limão**
raspas finas de ½ **limão**
2 colheres (chá) de **açúcar mascavo**
2 colheres (chá) de **molho de peixe tailandês***
½ colher (chá) de **molho de pimenta doce tailandês***

* Molhos encontrados em lojas especializadas em produtos orientais.

Monte a salada em uma travessa grande, começando com as folhas, depois o peru, o tomate-cereja e a manga. Complete com o amendoim e o coentro.

Coloque todos os ingredientes do molho em um vidro com tampa de rosca e agite até misturar bem. Regue a salada, misture delicadamente e sirva.

SALADA DE ARROZ SELVAGEM E PERU

O arroz selvagem, ainda pouco conhecido no Brasil, é muito saboroso e riquíssimo em fibras e carboidratos saudáveis. Adicione-o à sua dieta.

Preparo: 10 minutos, mais o tempo para esfriar
Cozimento: 30 minutos
4 porções

300 g de **arroz selvagem**
2 **maçãs verdes** cortadas em fatias finas
75 g de **pecã**
raspas finas e suco de 2 **laranjas**
60 g de **cranberry**
3 colheres (sopa) de **azeite**
2 colheres (sopa) de **salsa** picada
4 **filés de peito de peru** (cerca de 125 g cada)
sal e **pimenta-do-reino** moída na hora

Cozinhe o arroz e deixe esfriar. Junte as fatias de maçã, a pecã, as raspas e o suco de laranja e o cranberry. Tempere a gosto.

Misture o azeite com a salsa em uma vasilha e tempere a gosto. Corte os filés em dois ou três no sentido do comprimento e tempere-os com essa mistura.

Aqueça uma frigideira e grelhe os filés por 2 minutos de cada lado, até ficarem bem passados. Corte em fatias e sirva imediatamente, com a salada de arroz.

CROQUE MADAME DE PERU

Essa é uma versão do tradicional sanduíche francês, com peru, que estimula o relaxamento, e espinafre, rico em antioxidantes.

Preparo: 10 minutos
Cozimento: 8-10 minutos
4 porções

8 fatias de **pão de fôrma integral**
3 colheres (sopa) de **mostarda extraforte**
200 g de **gruyère** ralado fino
200 g de **peru** cozido cortado em fatias finas
2 **tomates** cortados em rodelas
2 **cebolinhas** cortadas em fatias finas
4 colheres (sopa) de **cream cheese light** (opcional)
1 colher (sopa) de **vinagre**
4 **ovos** grandes
100 g de **folhas pequenas de espinafre**
sal e **pimenta-do-reino** moída na hora
cebolinha-francesa picada, para decorar

Acomode 4 fatias do pão sobre uma tábua. Passe a mostarda no pão e cubra com a metade do queijo ralado. Coloque as fatias de peru e de tomate. Espalhe a cebolinha, tempere a gosto e adicione o queijo restante.

Passe o cream cheese nas outras 4 fatias, se desejar, e feche os sanduíches.

Aqueça uma frigideira antiaderente em fogo médio e, com cuidado, toste os sanduíches por 4-5 minutos, até dourarem e ficarem crocantes. Vire os sanduíches e toste por mais 4-5 minutos. Faça isso em duas etapas, se necessário.

Coloque água para ferver em uma panela grande e acrescente o vinagre. Quebre 2 ovos na água e cozinhe por 3 minutos. Retire com uma escumadeira e mantenha-os aquecidos. Repita com os ovos restantes.

Transfira os sanduíches para os pratos, espalhe as folhas de espinafre e finalize com o ovo poché. Decore com a cebolinha e sirva imediatamente.

CURRY DE PEIXE E MANGA COM ARROZ INTEGRAL

Esse é um prato de inspiração tailandesa. Use hadoque, linguado, badejo ou, se preferir, camarão graúdo ou frango.

Preparo: 20 minutos
Cozimento: 20 minutos
4 porções

2 colheres (sopa) de **azeite**
800 ml de **leite de coco**
750 g de **filé de peixe branco** cortado em pedaços
1 **manga** grande cortada em cubos

Para a pasta de curry
5 cm de **gengibre** picado
raspas finas e suco de 2 **limões-sicilianos**
2 **pimentas verdes** pequenas sem sementes
3 talos de **capim-limão** sem as folhas externas
4 **echalotas**
75 g de **coentro fresco**
4 **dentes de alho**
1 colher (chá) de **sal**
3 colheres (sopa) de **molho de peixe tailandês**

Para servir
arroz integral
25 g de **coentro fresco** picado

Bata todos os ingredientes da pasta de curry no processador, até ficar homogêneo, acrescentando um pouco de água se necessário.

Aqueça o azeite em um wok ou frigideira antiaderente e refogue a pasta de curry em fogo baixo por 2-3 minutos. Acrescente o leite de coco e cozinhe com a panela tampada por 5 minutos. Junte o peixe, mexa delicadamente e continue a cozinhar por mais 5 minutos.

Adicione a manga e cozinhe sem a tampa por 3-4 minutos, até o peixe começar a se desmanchar e a manga ficar bem quente. Sirva com o arroz integral, salpicado com um punhado de coentro.

SALMÃO COM PURÊ DE EDAMAME E AIPO

Rico em ômegas e proteínas, esse é um prato que acalma, relaxa e garante uma boa noite de sono.

Preparo: 15 minutos
Cozimento: 20 minutos
4 porções

250 g de **aipo** cortado em pedaços
250 g de **batata** descascada e cortada em pedaços
125 g de **edamame** (grão de soja verde) cozido
3 colheres (sopa) de **água**
4 **filés de salmão** (cerca de 125 g cada)
40 g de **manteiga**
3 colheres (sopa) de **cebolinha-francesa** picada
3 colheres (sopa) de **endro** picado
1 colher (sopa) de **vinagre de vinho branco**
sal e **pimenta-do-reino** moída na hora

Cozinhe o aipo e as batatas em uma panela com água e sal por cerca de 15 minutos, até ficarem macios. Coloque o edamame e as 3 colheres de água no liquidificador ou processador e bata até obter uma pasta homogênea.

Seque os filés de salmão em papel-toalha e tempere a gosto. Aqueça 15 g da manteiga em uma frigideira e grelhe o salmão por 4-5 minutos de cada lado, até ficar bem cozido.

Escorra os vegetais e coloque de volta na panela com o edamame processado e outros 15 g da manteiga. Amasse todos os ingredientes com um espremedor, até misturar bem. Reaqueça por 1-2 minutos e tempere a gosto.

Distribua o purê entre quatro pratos preaquecidos e acomode os filés de salmão por cima. Coloque a manteiga restante na frigideira junto com as ervas e o vinagre; aqueça até começar a ferver. Regue o salmão com o molho quente e sirva imediatamente.

KEBAB DE CAMARÃO COM ARROZ SELVAGEM

Uma excelente fonte de zinco para a memória, a energia e a libido, esse espeto de camarão é delicioso e de preparo rápido.

Preparo: 10 minutos
Cozimento: 5 minutos
4 porções

24 **camarões graúdos** sem casca
125 ml de **molho de pimenta doce tailandês**
raspas finas e suco de 2 **limões**
4 colheres (sopa) de **molho de soja**
1 colher (sopa) de **óleo de gergelim**
sal e **pimenta-do-reino** moída na hora

Para servir
arroz selvagem
salada de folhas verdes

Coloque os camarões em quatro espetos de metal, prendendo em dois ou três pontos para fixar bem. Bata o molho de pimenta com as raspas e o suco de limão, o molho de soja e o óleo de gergelim. Pincele os camarões com esse molho.

Grelhe os espetos no grill ou em uma frigideira antiaderente em fogo alto por 1-2 minutos de cada lado, até o camarão ficar rosado e bem cozido. Sirva com o arroz selvagem e a salada verde temperada com sal e pimenta-do-reino.

CURRY TAILANDÊS DE MEXILHÃO COM GENGIBRE

Esse curry leve e aromático proporciona uma boa dose de zinco, para dar mais energia e aumentar a libido.

Preparo: 30 minutos
Cozimento: 15 minutos
4 porções

1,5 kg de **mexilhão**
1 colher (sopa) de **óleo de girassol**
400 ml de **leite de coco light**
4-5 folhas de **limão kafir** desidratadas
150 ml de **caldo de peixe**
2 colheres (chá) de **molho de peixe tailandês**

Para a pasta de curry
½ -1 **pimenta vermelha** grande cortada ao meio e sem sementes
2 **echalotas**
1 talo de **capim-limão** sem as folhas externas bem picado
raspas finas e suco de 1 **limão**
4 cm de **gengibre** picado

Para servir
50 g de **coentro fresco** picado
arroz integral

Limpe os mexilhões: remova as cracas com uma faca e elimine as barbinhas escuras. Enxágue bem as conchas e descarte as que estiverem abertas ou quebradas. Coloque de molho em água limpa e reserve.

Bata todos os ingredientes da pasta de curry no processador até obter uma mistura homogênea. Acrescente um pouco de água, se necessário.

Aqueça o óleo em um wok ou frigideira antiaderente e refogue a pasta de curry em fogo baixo por 5 minutos. Adicione o leite de coco, as folhas de limão kafir, o caldo e o molho de peixe e cozinhe por 3 minutos.

Escorra os mexilhões e transfira para o wok. Tampe e deixe cozinhar por cerca de 5 minutos, até as conchas se abrirem. Divida entre quatro tigelas preaquecidas, descartando as conchas que ficarem fechadas. Espalhe o coentro e sirva com arroz integral.

TAGINE DE LEGUMES COM MOLHO DE ROMÃ

Um prato tipicamente marroquino, preparado com legumes, ervas e especiarias excelentes no combate ao estresse.

Preparo: 25 minutos
Cozimento: 1 hora
6-8 porções

1 **pau de canela**
½ colher (chá) de **cravo-da-índia**
½ colher (chá) de **semente de cardamomo**
2 colheres (chá) de **semente de coentro**
1 colher (chá) de **cúrcuma em pó**
1 colher (sopa) de **azeite**
1 **cebola** grande picada
2,5 cm de **gengibre** ralado
3 **dentes de alho** bem picados
½ **pimenta vermelha** sem sementes picada
800 g de **tomate** pelado cortado em cubos
1 **cenoura** grande cortada em cubos
1 **batata-doce** cortada em cubos
½ **abóbora-cheirosa** cortada em cubos
100 g de **espinafre**
250 g de **grão-de-bico** cozido e escorrido
um punhado de **coentro fresco** picado
1 colher (chá) de **harissa***
quinoa, para servir

Para o molho
sementes de 1 **romã**
2 **cebolinhas** bem picadas
suco de 1 **limão**
10-12 folhas de **hortelã** bem picadas
1 colher (sopa) de **azeite**

Torre a canela com o cravo, as sementes de cardamomo e de coentro em uma frigideira, até ficar aromático. Transfira para um pilão, adicione a cúrcuma e triture bem.

Aqueça o azeite em uma panela grande de fundo reforçado e junte as especiarias. Coloque a cebola e refogue por 2-3 minutos; adicione o gengibre, o alho e a pimenta. Abaixe o fogo e refogue por 10 minutos.

Acrescente o tomate, a cenoura, a batata-doce e a abóbora, tampe e deixe cozinhar por 30-40 minutos, até ficarem macios.

Adicione o espinafre, o grão-de-bico, o coentro e a harissa, tempere a gosto, tampe e reserve.

Prepare o molho de romã misturando todos os ingredientes. Sirva o tagine sobre uma camada de quinoa, acompanhado do molho.

* **Harissa:** mistura de especiarias encontrada em lojas especializadas

CURRY DE GRÃO-DE-BICO COM GENGIBRE

Esse curry contém proteínas que estabilizam o nível de açúcar no sangue e acalmam. Pode ser servido em ocasiões especiais.

Preparo: 15 minutos
Cozimento: 40 minutos
4 porções

1 colher (sopa) de **azeite**
2 **dentes de alho** amassados
2 **cebolas** picadas
7,5 cm de **gengibre** ralado, mais um pouco para servir
1 colher (sopa) de **pimenta vermelha em pó**
1 colher (chá) de **cominho em pó**
½ colher (chá) de **coentro em pó**
½ colher (chá) de **cúrcuma em pó**
½ colher (chá) de **sal**
½ colher (chá) de **garam masala***, mais um pouco para servir
500 g de **grão-de-bico** cozido e escorrido
400 ml de **leite de coco**
75 g de **coentro fresco** picado
pimenta-do-reino moída na hora
arroz integral, para servir

* **Garam masala:** mistura de especiarias encontrada em lojas especializadas.

Aqueça o azeite em um wok ou panela funda em fogo médio e refogue lentamente o alho com a cebola e o gengibre, até a cebola ficar macia e começar a dourar.

Acrescente a pimenta vermelha, o cominho, o coentro em pó, a cúrcuma, o sal e o garam masala e refogue por mais 2-3 minutos. Junte o grão-de-bico e o leite de coco, mexa bem, tampe e deixe cozinhar por 20 minutos.

Retire a tampa e deixe cozinhar por mais 10 minutos, amassando parte do grão-de-bico no curry para engrossar. Tempere com pimenta-do-reino, uma pitada de garam masala, um pouco de gengibre e coentro fresco. Sirva imediatamente, com arroz integral.

TORTILHA DE BATATA E CEBOLA

A casca da batata acrescenta fibras a essa tortilha surpreendentemente leve. Adicione um punhado de gruyère ralado para servir, se desejar.

Preparo: 10 minutos
Cozimento: 30 minutos
6 porções

750 g de **batata** com casca cortada em rodelas bem finas
4 colheres (sopa) de **azeite**
2 **cebolas** grandes cortadas em rodelas bem finas
6 **ovos**
2 colheres (chá) de **tomilho seco**
1 colher (chá) de **alecrim seco**
sal e **pimenta-do-reino** moída na hora

Coloque a batata em uma tigela e tempere levemente. Aqueça o azeite em uma frigideira de fundo grosso e cabo refratário e refogue a batata com cuidado por 10 minutos, até ficar macia, mas sem dourar.

Adicione a cebola e refogue delicadamente por mais 5 minutos, sem dourar. Espalhe a batata e a cebola em uma camada uniforme na frigideira e abaixe o fogo para o mínimo.

Bata os ovos com as ervas e tempere a gosto. Despeje os ovos batidos na frigideira, tampe e cozinhe por cerca de 15 minutos, até os ovos ficarem firmes.

Se o centro da omelete ainda estiver líquido, leve a frigideira ao forno preaquecido em temperatura média para completar o cozimento. Deslize a tortilha sobre um prato e sirva quente ou fria.

ESTROGONOFE DE COGUMELO E PURÊ DE BATATA-DOCE

De efeito calmante e rica em antioxidantes, essa receita é ideal para uma boa noite de sono.

Preparo: 15 minutos
Cozimento: 20 minutos
4 porções

25 g de **manteiga**
1 colher (sopa) de **azeite**
1 **cebola** cortada em rodelas
400 g de **cogumelo shiitake** cortado em fatias
2 **dentes de alho** bem picados
2 colheres (chá) de **páprica**, mais um pouco para decorar
6 colheres (sopa) de **vodca**
400 ml de **caldo de legumes**
uma pitada de **canela em pó**
uma pitada de **macis em pó**
150 g de **cogumelo-de-paris** (cortado em fatias, se for grande)
6 colheres (sopa) de **coalhada**
sal e **pimenta-do-reino** moída na hora
salsa picada, para decorar

Para o purê
3 **batatas-doces** grandes descascadas e cortadas em cubos
2 colheres (sopa) de **coalhada**
1 colher (chá) de **noz-moscada** ralada

Cozinhe a batata-doce em água fervente e sal por 15-20 minutos, até ficar macia. Escorra, tempere a gosto e amasse com a coalhada e a noz-moscada.

Aqueça a manteiga e o azeite em uma frigideira e refogue a cebola por 5 minutos, até começar a dourar. Junte o shiitake e o alho e refogue por 4 minutos, até ficar macio. Acrescente a páprica e refogue por mais 1 minuto.

Regue com a vodca e flambe. Quando as chamas tiverem diminuído, acrescente o caldo, a canela e o macis. Tempere a gosto e deixe cozinhar por 3-4 minutos.

Adicione o cogumelo-de-paris e deixe cozinhar por 2 minutos, até ficar macio. Acrescente 2 colheres (sopa) da coalhada. Divida entre quatro pratos, cubra com o restante da coalhada e decore com um pouco de páprica e salsa. Sirva com o purê de batata-doce.

BATATA-DOCE ASSADA COM CHILLI DE LEGUME

Essa receita fácil foi criada para saciar o apetite e trazer calma. O chilli pode ser congelado. Sirva com tortilhas de milho.

Preparo: 20 minutos
Cozimento: cerca de 40 minutos
4 porções

2 colheres (sopa) de **azeite**
1 **cebola** grande picada
400 g de **abóbora-cheirosa** cortada em cubos
1 colher (chá) de **pimenta-de-caiena**
1 colher (chá) de **cominho em pó**
1 colher (chá) de **canela em pó**
2 **pimentões vermelhos** sem sementes picados
1 **abobrinha** cortada em cubos
1 **pimenta vermelha** sem sementes cortada em fatias finas
1 **pimenta verde** sem sementes cortada em fatias finas
3 **dentes de alho** cortados em fatias finas
250 g de **grão-de-bico** cozido e escorrido
250 g de **feijão-roxinho** cozido e escorrido
800 g de **tomate** pelado em cubos
um maço grande de **coentro fresco**
4 **batatas-doces** com casca lavadas
sal e **pimenta-do-reino** moída na hora
125 ml de **creme azedo***, para servir

* **Creme azedo:** creme de leite fresco com gotas de limão.

Aqueça o azeite em uma panela grande e refogue a cebola em fogo médio por cerca de 10 minutos, até dourar e caramelizar. Acrescente a abóbora, a pimenta-de-caiena, o cominho e a canela. Tempere a gosto e refogue por 1-2 minutos.

Adicione o pimentão, a abobrinha, as pimentas e o alho e refogue por mais 3-4 minutos. Junte o grão-de-bico, o feijão, o tomate e os talos de coentro.

Fure as batatas-doces em vários pontos com um garfo e leve ao forno preaquecido a 200°C por 20-30 minutos, até ficarem bem assadas.

Cozinhe o chilli com a panela tampada por cerca de 25 minutos, até os legumes ficarem macios, acrescentando um pouco de água, se necessário. Tempere a gosto, espalhe as folhas de coentro e sirva com a batata-doce assada coberta com o creme azedo.

HAMBÚRGUER DE PERU COM BATATA-DOCE

Essa é uma refeição perfeita para saborear com a família à noite. O peru, rico em triptofano, garante um sono tranquilo.

Preparo: 20 minutos
Cozimento: 30-40 minutos
4 porções

500 g de **carne de peru** moída
2 **cebolinhas** bem picadas
2 colheres (chá) de **estragão seco**
½ colher (chá) de **sal**
½ colher (chá) de **pimenta-do-reino** moída na hora
1 **ovo** levemente batido
4 **pães de hambúrguer integrais**
4 fatias grandes de **tomate**
4 folhas de **alface**

Para a batata-doce
4 **batatas-doces** grandes cortadas em gomos
1 colher (sopa) de **azeite**, mais um pouco para untar
1 colher (chá) de **páprica**
½ colher (chá) de **sal**
½ colher (chá) de **pimenta-do-reino**

Misture os gomos de batata-doce com os demais ingredientes e acomode em uma assadeira untada. Asse na grade superior do forno preaquecido a 200°C por 30-40 minutos, até a batata-doce dourar e ficar crocante.

Misture o peru com a cebolinha, o estragão, o sal e a pimenta-do-reino; junte o ovo e misture bem. Molde quatro bolas grandes e pressione firmemente para formar os hambúrgueres.

Grelhe os hambúrgueres por cerca de 8 minutos de cada lado, até a carne dourar e ficar bem passada. Sirva no pão integral com uma fatia de tomate e uma folha de alface, acompanhado dos gomos de batata-doce.

QUINOA COM FRANGO, LIMÃO E ERVAS

A quinoa é rica em ômegas, que melhoram a capacidade do cérebro e nutrem o sistema nervoso. Além disso, é deliciosa.

Preparo: 15 minutos
Cozimento: 15 minutos
4 porções

200 g de **quinoa**
1 colher (sopa) de **azeite**
1 **cebola** picada
1 **dente de alho** amassado
500 g de **filé de peito de frango** picado
1 colher (chá) de **coentro em pó**
½ colher (chá) de **cominho em pó**
50 g de **cranberry seco**
75 g de **damasco seco** macio picado
4 colheres (sopa) de **salsa** picada
4 colheres (sopa) de **hortelã** picada
raspas finas de 1 **limão-siciliano**
sal e **pimenta-do-reino** moída na hora

Cozinhe a quinoa em água fervente e um pouco de sal por 15 minutos, até ficar macia. Escorra e reserve.

Aqueça o azeite em uma frigideira e refogue a cebola por 5 minutos, até ficar macia. Junte o alho, o frango, o coentro e o cominho e refogue por mais 8-10 minutos, até o frango ficar bem cozido.

Misture o frango, o cranberry, o damasco, as ervas e as raspas de limão com a quinoa e tempere a gosto. Misture bem e sirva, quente ou fria.

RISOTO DE FRANGO E CEVADA

A cevada é um grão muito nutritivo, rico em vitaminas do complexo B, que têm propriedades calmantes.

Preparo: 10 minutos, mais o tempo para demolhar
Cozimento: 40 minutos
4 porções

900 ml de **caldo de galinha**
2 colheres (sopa) de **azeite**
1 **cebola** grande bem picada
300 g de **cogumelos** variados
2 **dentes de alho** amassados
200 g de **cevada** deixada de molho por 30 minutos
300 g de **aspargo** aparado e picado
200 g de **frango** cozido cortado em cubos
50 g de **parmesão** ralado na hora
raspas finas de 1 **limão-siciliano**
sal e **pimenta-do-reino** moída na hora

Aqueça o caldo até começar a ferver; mantenha em fogo baixo enquanto você cozinha.

Refogue a cebola no azeite por 5-10 minutos, até ficar macia. Adicione os cogumelos e o alho e refogue em fogo alto por 4-5 minutos, até os cogumelos ficarem macios.

Escorra a cevada, transfira para uma panela, acrescente uma concha de caldo quente e cozinhe devagar, mexendo sempre, até o caldo ser absorvido. Acrescente mais uma concha de caldo e repita até restarem cerca de 2 conchas de caldo na panela.

Junte o aspargo e o frango à panela com o caldo restante e deixe cozinhar por 2-3 minutos, enquanto continua a mexer o risoto.

Acrescente o caldo com aspargo e frango ao risoto e cozinhe até a cevada ficar macia e absorver todo o líquido. Junte o parmesão e as raspas de limão, tempere a gosto e sirva imediatamente.

ENSOPADO DE CORDEIRO E FEIJÃO-MANTEIGA

O cordeiro é uma ótima fonte de ferro, e o feijão ajuda a manter os níveis de energia, proporcionando saciedade por horas.

Preparo: 15 minutos
Cozimento: 1h25
4 porções

1 colher (chá) de **azeite**
350 g de **cordeiro magro** cortado em cubos
16 **echalotas** pequenas descascadas
1 **dente de alho** amassado
1 colher (sopa) de **farinha de trigo**
600 ml de **caldo de legumes**
200 g de **tomate** pelado cortado em cubos
1 **buquê garni**
500 g de **feijão-manteiga** cozido e escorrido
250 g de **tomate-cereja**
sal e **pimenta-do-reino** moída na hora
arroz integral, para servir

Aqueça o azeite em uma panela grande em fogo médio-alto e refogue o cordeiro por 3-4 minutos, até dourar bem. Retire da panela e reserve.

Abaixe o fogo, acrescente a echalota e o alho e refogue por 4-5 minutos, até ficarem macios e começarem a dourar.

Coloque o cordeiro com o caldo do cozimento de volta na panela, acrescente a farinha, o caldo de legumes, o tomate, o buquê garni e o feijão. Mexa continuamente, até levantar fervura; tampe a panela e deixe cozinhar por 1 hora, até o cordeiro ficar macio.

Adicione o tomate-cereja e tempere a gosto. Mantenha o cozimento por mais 10 minutos e sirva com o arroz integral.

MANGA BRÛLÉE

Essa sobremesa quente e deliciosa oferece vários nutrientes essenciais, incluindo os do iogurte, que acalma e auxilia a digestão.

Preparo: 10 minutos
Cozimento: 5 minutos
4 porções

2 **mangas** grandes e maduras cortadas em fatias
2 colheres (chá) de **rum**
1 colher (chá) de **canela em pó**
350 ml de **iogurte grego**
6 colheres (chá) de **açúcar mascavo**

Distribua as fatias de manga entre quatro forminhas refratárias, preenchendo-as até a metade; regue com o rum e polvilhe com a canela.

Cubra a manga com o iogurte e nivele a superfície. Polvilhe com açúcar mascavo e leve ao forno preaquecido a 180°C por cerca de 5 minutos, até o açúcar começar a borbulhar e caramelizar. Sirva imediatamente.

SORVETE DE MIRTILO E LIMÃO

O mirtilo ajuda a controlar o peso e alivia a ansiedade. Esse sorvete pode ser saboreado a qualquer momento, ou servido como uma deliciosa sobremesa.

Preparo: 10 minutos, mais o tempo para congelar
4 porções

500 g de **mirtilo congelado**
500 ml de **iogurte grego**
125 g de **açúcar de confeiteiro**, mais um pouco para decorar
raspas finas e suco de 2 **limões-sicilianos**

Reserve alguns mirtilos para decorar. Bata o restante no liquidificador ou processador com o iogurte, o açúcar de confeiteiro, as raspas e o suco de limão até obter um creme homogêneo.

Transfira para uma travessa e leve ao freezer para congelar, mas até o ponto em que ainda pode ser facilmente mexido com uma colher. Antes de servir, decore com o mirtilo reservado e um pouco de açúcar de confeiteiro.

BANANA ASSADA

A banana contém vários nutrientes que combatem o estresse, tornando essa sobremesa uma opção perfeita para finalizar um dia corrido.

Preparo: 15 minutos
Cozimento: 20 minutos
4 porções

4 **bananas** grandes e firmes
2 colheres (chá) de **açúcar mascavo**
1 colher (chá) de **extrato de baunilha**
1 colher (chá) de **maple syrup**
1½ colher (chá) de **manteiga** em temperatura ambiente
um punhado de **amêndoa** (opcional)
iogurte grego, para servir

Faça um corte nas bananas no sentido do comprimento (sem dividi-la em duas). Coloque cada uma em um pedaço grande de papel-alumínio, com o corte virado para cima.

Misture o açúcar com a baunilha, o maple syrup e a manteiga e recheie as bananas com uma colher. Embrulhe no papel-alumínio, tomando cuidado para manter os cortes virados para cima.

Leve ao forno preaquecido a 200°C por 20 minutos. Abra os embrulhos com cuidado, espalhe a amêndoa, se quiser, e sirva imediatamente com iogurte grego.

ARROZ-DOCE INTEGRAL

O arroz integral dá a essa receita cremosa um sabor amendoado e uma boa dose de nutrientes antiestresse.

Preparo: 10 minutos
Cozimento: cerca de 1h20
4 porções

325 ml de **creme de leite fresco**
300 ml de **água**
100 g de **arroz integral**
75 g de **uva-passa**
3 **gemas**
3 colheres (chá) de **açúcar demerara**
1 colher (chá) de **canela em pó**
2 colheres (chá) de **extrato de baunilha**
1 colher (chá) de **manteiga** em temperatura ambiente

Aqueça o creme de leite com a água e o arroz em uma panela grande de fundo grosso em fogo médio, mexendo sempre. Quando levantar fervura, abaixe o fogo e deixe cozinhar por cerca de 1 hora, mexendo regularmente, até o arroz ficar macio e absorver todo o líquido. Se necessário, acrescente um pouco de água.

Junte a uva-passa e cozinhe por mais 10 minutos, mexendo com frequência, até ficar hidratada.

Em uma tigela pequena, bata as gemas com o açúcar, a canela, a baunilha e a manteiga. Acrescente a mistura ao arroz e cozinhe em fogo baixo por cerca de 5 minutos, mexendo constantemente, até engrossar. Tire do fogo e sirva imediatamente.

CRUMBLE DE MAÇÃ E CRANBERRY

Essa sobremesa é rica em óleos saudáveis e aveia, que tem propriedades calmantes. Ideal para finalizar um dia agitado.

Preparo: 20 minutos
Cozimento: 30 minutos
4 porções

4 **maçãs** cortadas em fatias finas
2 colheres (chá) de **maisena**
2 colheres (chá) de **canela em pó**
4 colheres (chá) de **mel**
100 g de **cranberry seco**
raspas finas e suco de 1 **laranja**
iogurte grego, para servir

Para a cobertura
200 g de **flocos de aveia**
2 colheres (chá) de **canela em pó**
50 g de **amêndoa** triturada
50 g de **castanha-do-pará** triturada
2 gotas de **extrato de baunilha**
2 colheres (chá) de **manteiga** em temperatura ambiente, mais um pouco para gratinar

Misture as fatias de maçã com a maisena, a canela, o mel e o cranberry; acrescente as raspas e o suco de laranja. Transfira para uma assadeira refratária e pressione levemente.

Junte os ingredientes da cobertura, misture bem e espalhe sobre as frutas. Pressione levemente a superfície e espalhe um pouco mais de manteiga.

Asse em forno preaquecido a 200°C por 30 minutos, até a cobertura dourar e o suco desprendido da maçã começar a borbulhar nas bordas da assadeira. Sirva quente com iogurte.

PARFAIT DE CEREJA E CANELA

A canela melhora a imunidade, estabiliza o açúcar no sangue, estimula o funcionamento do cérebro e reduz os níveis de cortisol.

Preparo: 10 minutos, mais o tempo para esfriar e congelar
Cozimento: 5 minutos
4 porções

350 g de **cereja ao marrasquino**
3 colheres (chá) de **canela em pó**
1 colher (chá) de **extrato de baunilha**
1 colher (chá) de **açúcar**
1 **gema**
150 g de **coalhada semidesnatada**
4 **suspiros** grandes em pedaços
cereja fresca, para decorar

Escorra as cerejas e coloque 100 ml da calda em uma panela pequena. Junte a canela, a baunilha e o açúcar e aqueça por 5 minutos, até o açúcar dissolver. Deixe esfriar.

Bata a gema com a coalhada. Acrescente as cerejas escorridas à calda e junte o creme de gema e coalhada. Adicione os pedaços de suspiro e misture delicadamente.

Transfira para um recipiente de 300 ml e leve ao freezer por pelo menos 4 horas. Consuma em um dia, quando o parfait estará congelado, mas com textura suave. Decore com cerejas frescas antes de servir.

TORTA DE RICOTA, AMEIXA E AMÊNDOA

Ameixa e amêndoa fazem uma combinação perfeita. Rica em óleos ômega, essa torta nutritiva é deliciosa como sobremesa ou no café da tarde.

Preparo: 20 minutos, mais o tempo para esfriar e gelar
Cozimento: 35 minutos
6 porções

manteiga, para untar
500 g de **ameixa vermelha doce** cortada em quatro
250 g de **ricota**
4-5 colheres (chá) de **açúcar mascavo**
3 **ovos** (gema e clara separadas)
¼ de colher (chá) de **extrato de amêndoa**
4 colheres (chá) de **amêndoa em lâminas**
2 colheres (chá) de **água**
1 colher (chá) de **açúcar de confeiteiro**, para servir

Unte uma assadeira de 20 cm de diâmetro com fundo removível e espalhe metade da ameixa. Bata a ricota com o açúcar, as gemas e o extrato de amêndoa até obter um creme homogêneo.

Bata as claras em neve, incorpore ao creme e espalhe sobre a ameixa.

Salpique com a amêndoa e asse em forno preaquecido a 160°C por 30-35 minutos, até crescer, dourar e firmar. Cubra com papel-alumínio se dourar muito rápido.

Desligue e deixe a torta esfriar no forno com a porta entreaberta por 15 minutos. Retire, deixe esfriar completamente e refrigere.

Cozinhe a ameixa restante na água em uma panela tampada por 5 minutos. Retire do fogo, deixe esfriar e bata no liquidificador ou processador, até ficar homogêneo. Prove e acerte o açúcar.

Transfira a torta para uma travessa. Polvilhe com o açúcar de confeiteiro e sirva cortada em triângulos, com a calda de ameixa.

CREME DE MIRTILO

Cremosa e rica em antioxidantes graças ao mirtilo, essa sobremesa fica pronta em poucos minutos.

Preparo: 5 minutos
4 porções

400 g de **mirtilo**
5 colheres (chá) de **mel**
2 colheres (chá) de **suco de limão**
8 folhas de **hortelã**
125 ml de **creme inglês**
250 ml de **iogurte grego**
4 colheres (chá) de **pistache** sem sal bem picado

Bata o mirtilo com o mel, o suco de limão e metade das folhas de hortelã no liquidificador ou processador, até ficar homogêneo.

Acrescente o creme inglês e o iogurte e bata novamente. Distribua em copos, espalhe o pistache por cima e finalize com as folhas de hortelã restantes antes de servir.

GRATIN DE IOGURTE E FRAMBOESA

Essa sobremesa contém antioxidantes e iogurte natural, que auxilia a digestão. É deliciosa e tem pouquíssimas calorias.

Preparo: 5 minutos, mais o tempo para esfriar
Cozimento: 5-6 minutos
4 porções

500 g de **framboesa**
350 ml de **iogurte grego**
2 colheres (chá) de **extrato de baunilha**
1 colher (chá) de **licor de cassis**
2 colheres (chá) de **açúcar mascavo**

Espalhe a framboesa em uma assadeira refratária rasa. Bata o iogurte com a baunilha e o licor de cassis; despeje sobre as frutas e nivele a superfície.

Polvilhe uniformemente com o açúcar mascavo e asse em forno preaquecido a 200°C por 5-6 minutos, até o açúcar começar a caramelizar. Deixe esfriar um pouco e sirva.

FONDUE DE CHOCOLATE COM FRUTAS FRESCAS E SECAS

Essa receita é um clássico que estimula o bom humor e pode ser servida em um jantar especial.

Preparo: 5 minutos
Cozimento: 10 minutos
4 porções

100 g de **chocolate amargo**
1 colher (chá) de **manteiga com sal**
1 colher (chá) de **extrato de baunilha**
2 colheres (chá) de **iogurte natural**

Para mergulhar no fondue
castanha-do-pará
amêndoa
damasco seco
uva
cereja

Derreta o chocolate em uma tigela em banho-maria.

Acrescente a manteiga, a baunilha e o iogurte e misture bem. Retire do fogo e sirva imediatamente com as frutas secas e frescas para mergulhar no fondue.

PETIT GATEAU DE CHOCOLATE COM CEREJA

A cereja proporciona benefícios físicos e emocionais e aqui se combina com o nutritivo chocolate.

Preparo: 15 minutos
Cozimento: 15 minutos
4 unidades

75 g de **manteiga sem sal** em temperatura ambiente, mais um pouco para untar
100 g de **açúcar mascavo**
1 colher (chá) de **extrato de baunilha**
25 g de **cacau em pó** peneirado
50 g de **farinha com fermento** peneirada
1 **ovo**
50 g de **cereja seca**
creme de leite fresco, para servir

Bata a manteiga com o açúcar e a baunilha na batedeira até obter uma mistura leve e fofa. Acrescente o cacau, a farinha e o ovo e continue batendo até misturar bem. Junte as cerejas.

Distribua a massa entre quatro fôrmas para muffins levemente untadas e asse em forno preaquecido a 180°C por 10-12 minutos, até ficarem assados nas bordas, mas ainda moles no centro.

Desenforme os bolinhos em quatro pratos e sirva imediatamente, com creme de leite fresco.

ENDEREÇOS ÚTEIS

Associação Brasileira de Familiares, Amigos e Portadores de Transtornos Afetivos (Abrata)
Tel.: (11) 3256-4831
http://www.abrata.org.br/new

Associação dos Portadores de Transtornos da Ansiedade (Aporta)
http://www.aporta.org.br

Centro Brasileiro de Mindfulness e Promoção da Saúde
http://mindfulnessbrasil.com

Centro de Acupuntura/HC/USP
http://acupuntura.fm.usp.br

Centro de Valorização da Vida – CVV
Disque 141
http://www.cvv.org.br

Como Meditar
http://comomeditar.org.br

Coordenação Geral de Alimentação e Nutrição – Ministério da Saúde
E-mail: cgan@saude.gov.br
http://nutricao.saude.gov.br
Disque Saúde 136
http://portalsaude.saude.gov.br

Departamento de Psiquiatria da Universidade Federal de São Paulo (UNIFESP)
http://www.psiquiatria.unifesp.br

Instituto de Psiquiatria/Hospital das Clínicas/ Faculdade de Medicina da USP
http://www.ipqhc.org.br

Instituto do Sono – Universidade Federal de São Paulo (Unifesp)
http://www.sono.org.br

ISMA-BR (International Stress Management Association)
Telefax: (51) 3222-8598
e-mail: stress@ismabrasil.com.br
http://www.ismabrasil.com.br

Meditação Brasil
http://www.meditacaobrasil.com

PRO-AMITI – Ambulatório Integrado dos Transtornos do Impulso (HC/USP)
Tel.: (11) 2661-7805
http://amiti.com.br

Serviço Social da Indústria (Sesi)
http://www.portaldaindustria.com.br
http://www.sesisp.org.br

Serviço Social do Comércio (Sesc)
http://www.sesc.com.br

Sociedade Brasileira de Cefaleia
http://www.sbce.med.br

Sociedade Brasileira para o Estudo da Dor
http://www.dor.org.br

Sociedade Budista do Brasil
http://www.sociedadebudistadobrasil.org

Yoga.pro.br
http://www.yoga.pro.br

ÍNDICE

Agradecimentos
Gill Paul agradece à talentosa equipe da Octopus: Denise Bates, que veio com a ideia para a coleção; Katy Denny, Alex Stetter e Jo Wilson, que editaram os livros com muita eficiência e fizeram tudo funcionar; à equipe de design de Jonathan Christie e Isabel de Cordova, por tornar os livros tão lindos. Agradeço também a Karel Bata por todo o apoio e por provar minhas receitas. Karen Sullivan agradece a Cole, Luke e Marcus.

Créditos das fotos
Fotografias encomendadas © Octopus Publishing Group/Will Heap, com exceção das seguintes:

Alamy
Roderick Chen 16.

Octopus Publishing Group
Will Heap 125; Emma Neish 65; Lis Parsons 37, 71, 81, 85, 111, 117; William Shaw 49, 67, 87, 93, 99, 107, 119.

Thinkstock
iStockphoto 5, 7, 8, 9, 10, 12, 25, 27, 28, 34.